画说语文

宋代篇

窦昕 主编

宋诗与宋词里的高频词：春风、梅花、江南

北京理工大学出版社
BEIJING INSTITUTE OF TECHNOLOGY PRESS

版权专有　侵权必究

图书在版编目（CIP）数据

画说语文 . 宋代篇 / 窦昕主编 . — 北京 : 北京理工大学出版社，2021.2

ISBN 978 – 7 – 5682 – 9551 – 2

Ⅰ. ①画…　Ⅱ. ①窦…　Ⅲ. ①古典诗歌 – 中国 – 小学 – 课外读物　Ⅳ. ① G624.203

中国版本图书馆 CIP 数据核字（2021）第 025801 号

出版发行 / 北京理工大学出版社有限责任公司
社　　址 / 北京市海淀区中关村南大街 5 号
邮　　编 / 100081
电　　话 /（010）68914775（总编室）
（010）82562903（教材售后服务热线）
（010）68948351（其他图书服务热线）
网　　址 / http://www.bitpress.com.cn
经　　销 / 全国各地新华书店
印　　刷 / 汇昌印刷（天津）有限公司
开　　本 / 889 毫米 ×1194 毫米　1/16
印　　张 / 4.25
字　　数 / 25 千字
版　　次 / 2021 年 2 月第 1 版　2021 年 2 月第 1 次印刷
定　　价 / 39.80 元

责任编辑 / 李慧智
文案编辑 / 李慧智
责任校对 / 刘亚男
责任印制 / 施胜娟

图书出现印装质量问题，请拨打售后服务热线，本社负责调换

主编

窦昕

毕业于北京师范大学文学院，大语文理念的创立与实践者，A股上市公司豆神教育集团（原立思辰集团）总裁。著有《乐死人的文学史》《语文必修课》《写作必修课》《阅读必修课》《大语文必修课》《文学必修课》《语文统编教材精解》《中文必修课》《有意思的大语文》《直通京城名校——小升初语文一本通》《思泉语文课本》等系列丛书。

豆神教育集团旗下的品牌有豆神大语文、豆神网校、康邦科技、百年英才等。豆神大语文是中国语文产品服务商，拥有k12教育培训市场内的各类语文产品，并涉足影视、出版、游戏化教育等领域。豆神大语文拥有超过370个教学中心，已覆盖全国31个省市，并已在海外，如温哥华、硅谷等地建立大语文分校。

教育成就

豆神大语文创始人

大语文教育体系开创者

北京市海淀区优秀教育工作者

“桃李杯”北京市优秀教育工作者

首届新浪教育五星金牌教师

豆神网校爆款课程“窦神归来”第一季、第二季主讲

喜马拉雅系列节目《窦神来了：经典文言文精讲》主讲

中国传媒大学客座教授

北京师范大学未来青少年文学文化公益计划发起人

中央人民广播电台《成语好逗》节目主讲

著作

《乐死人的文学史》

《语文必修课》

《写作必修课》

《阅读必修课》

《大语文必修课》

《文学必修课》

《语文统编教材精解》

《中文必修课》

《有意思的大语文》

《直通京城名校——小升初语文一本通》

《思泉语文课本》

编委会

主　编：

窦　昕

执行主编：

赵伯奇　张国庆

豆神大语文名师编审委员会：

窦　昕　赵伯奇　朱雅特　张国庆　杨宏业　魏梦琦　许　龙　殷程其

编　者：

陆　尧　陆嘉炜　朱婷婷　王　璐　罗　舒

美术设计：

庄曦璇　张嗣圣　褚　琼　游　帆　刘艳玲　沈沫含　张圆惠

光荣与梦想——“大语文”系列丛书总序

穿过一丛金色的墨西哥橘，六岁的小红豆头戴粉盔，骑着一辆有辅助轮的浅粉色自行车前行。在她身后跟着三岁的小青豆，蓝色背心、蓝色头盔，滑动着一辆海军蓝滑板车。

在这个温哥华的浅蓝清晨，我望着女儿小红豆和儿子小青豆的背影，捏紧了久违的轻快心情。此刻我的另一个“儿子”在太平洋彼岸舒展着拳脚，已经名扬神州、纵横四海，它就是十二岁的“大语文”。

那一年际遇喜人，没落的大宋皇裔赵伯奇当时正是北大游泳队队长，俊美倜傥的郭华粹正要从不列颠返回国内，文坛世家陈思正将从哈佛启程，卸任了校学生会主席的朱雅特正要入住北大教育系设在万柳的高级学生公寓，而本书的主要执笔人——我表弟张国庆，也正在收拾行囊欲来北京助我成就大事……那一年的我们，大多毕业于北大、北师大的中文系，本有着大不相同的人生规划，却因为我许下了五个耀眼的愿望，如埋下一粒豆子作为种子，让我们相聚在一起，簇拥着走出了同一条人生轨迹。

那一年，种瓜得瓜，种豆得神——神奇的“大语文”诞生了。

五个愿望：一愿我们投身于校外教育，把语文课变得有意思；二愿将大语文课程商业化，以丰厚的回报让大语文家庭过上富足而体面的生活，同时也让更多北漂的卓越人才敢于加入大语文战队；三愿大语文课程走向全国，使更多孩子受益；四愿大语文课程进入学校，深度补充和影响校内语文教育；五愿大语文走向世界，吸引更多华裔或其他学习者，使其对中国文学文化乃至世界文学文化产生较浓兴趣。

这是多么光荣的梦想。在被商业繁荣笼罩着的华彩世界里，我们愿意燃烧年轻的生命，去照亮大语文，或是做烛去点亮大语文。

十二年后，当我们作为一家颇具潜力的上市公司被广泛关注时，回首过往，原打算用一生去交换的五个愿望竟开始一一实现，我竟然慢慢冷却了心头的欢喜。我对队伍说，我开始不甘心只为一时而绽放，我想留下些许我们的代表作，让这些被汗水、泪水浸泡着的奋斗产生的价值能够长久留存。

那么，什么才能做到长久留存？战国时期最伟大的弩机大师也随着弩的入土而不闻于世，而孟子的浩然之气、庄子的逍遥自由却总让千年后的人们神往。历代精美的琉璃制品、珍珠黄金、烟土枪械、米铺碾坊，都随大江东去；罗摩与神猴、罗密欧与朱丽叶、《西游记》与《水浒传》、雨果与左拉、马克·吐温与杰克·伦敦却百年千年流传。

锐意进取、诚信无欺，精良的产品方可以建立百年老店。

回归率真、淡泊功利，生动的文化才能够成就千载流传。

放下商业思维，忘记市场需求、获客成本等并无长久意义的盘算，回到我们出发时的初衷：我们为何而来，我们欲往何处？我们只想要做能够千载流传的好东西。

于是在大语文这个“儿子”步入青春期之时，我们有了新的憧憬，可以命名为“新五大梦想”：第一，完成整套大语文系列丛书的出版，囊括校内学习、文学文化、写作技巧、课外阅读、非母语者的汉语学习等诸多内容，为语文教育和中国文学文化推广普及做出些微贡献。第二，以教育的视角，制作一部部精良的动漫剧集或真人影视剧，使千年来文学文化史上的关键信息和核心内容得以“大河小说”一般的记录。第三，以教育的视角，建立一个个还原各朝代、各国家的互动式文化体验馆，以浸入式话剧及其他高科技交互方式使孩子们能够身临其境地体验大语文课本中所讲述的各个时空场景。第四，研发一系列语文学科的人工智能学习工具，使学生在学语文时遇到的绝大多数问题能够低成本、高精度地解决。第五，牵头制定一项标准，该项标准能将所有汉语使用者（包括母语学习者、华裔非母语学习者、其他族裔非母语学习者、使用汉语的计算机软件）的汉语水平（尤其是对汉语背后的文化认知水平）在同一体系内进行评价。

又是一粒愿望的豆子种下去，遥望，又是数十年。不知又一个或几个十二年之后，我们这个队伍能否将“新五大梦想”一一实现。有了“回归率真、淡泊功利，生动的文化才能够成就千载流传”这样的“大语文精神”，我也衷心希望大语文团队能够永秉对语文教育的赤诚之心，将这星星火种永传下去，不论熊熊烈焰或微弱火苗，皆然。

所幸，多年前我的几位学生，也已陆续加入了大语文战队，看来当年埋在他们少年时代的梦想种子已经发芽。种瓜得瓜，种豆得神。

小红豆喜欢绘画，她说她要和我合作画一本绘本。“会赚很多钱，然后送给你。”她说。我问：“爸爸平时也不花钱，要那么多钱做什么呢？”小红豆一笑嫣然，她说：“你可以用来做更多的书啊！”

这真是种豆得神了。

2019年8月 于温哥华

前言

从2017年9月新学年开学起，中小学语文教材有所改变，统一使用“部编版”语文教材。该教材重视大家之作，涵盖范围更广，主张人文主题的渗透和语文素养的提升，对语文基础教育的广度和深度提出了更高要求。在孩子的学习阶段，优秀的文学作品能够为其日后的阅读、写作乃至个人成长奠定良好的基础。文学作品中的真、善、美渗透到孩子的心里去，也会慢慢影响一个人的内涵与气质，使之更谦逊、更从容。那么，找到最恰当且令人印象深刻的方式，向孩子展现文学、历史、地理的图卷，就成了重要的课题。因此，本套丛书将结合“大数据”研究前沿技术与理论，以“部编版”小学全年级语文教材基本内容为纲，通过对海量数据进行分析，在知识表现、可视化等方面大展拳脚，首次将小学语文中的古诗词与地图路线、历史传说、名人故事、风俗文化等多方面知识相融合，通过一张张大数据图表、一幅幅或优美或爆笑的漫画，引经据典，情景对应，帮助孩子更深入地了解文学作品及其蕴含的历史和地理知识，使其在搜集、整理、分析信息的过程中认识世界、发展思维、形成能力、获得审美体验，进而拓宽孩子的多学科知识面，为之后的学习打好基础、练好基本功。

目录

宋朝概况

Part 1 宋朝历史大事件

唐朝灭亡之后，进入了分裂时代，经历了五代十国。五代时期后周的一位大将军——赵匡胤后来统一了中原，开创了大宋。

宋朝分为两个阶段，分别叫北宋和南宋，这是因为北宋的都城设在汴京，即今天的河南开封，位于北方；南宋的都城则设在临安，也就是今天的浙江杭州，地处南方。

北宋

陈桥兵变

960 年，后周的殿前都点检、归德军节度使赵匡胤在陈桥驿发动兵变，部下们将黄袍披在他的身上，拥护他做皇帝，史称宋太祖。

杯酒释兵权

961 年，宋太祖赵匡胤为了加强中央集权，避免下属将领也“被迫黄袍加身”，他在一场酒宴上威逼利诱，要求将领们交出兵权，史称“杯酒释兵权”。

澶渊之盟

1005 年，宋、辽在澶州签订和约，结束了两国之间长达 25 年的战争，史称“澶渊之盟”。此后，宋每年给辽进贡，换来百年太平。

王安石变法

1069 年，王安石发起变法，一定程度上改变了当时“冗员、冗兵、冗费”的问题。但对于新政，保守派大臣非常反对，引发了严重的“新旧党争”。

北宋灭亡·南宋建立

靖康之难，建炎南渡

1127年，金国攻占北宋都城，北宋灭亡，史称“靖康之难”。宋徽宗、宋钦宗以及大量皇族被俘虏，康王赵构（宋高宗）逃往江南，建立南宋，改元建炎，史称“建炎南渡”。

南宋

岳飞北伐

1134年，大将军岳飞向朝廷请求向北方的金国发动战争，岳家军在8年里4次征伐，成功收复了北方的部分失地，但北伐最终因为政治原因失败，岳飞被奸相秦桧迫害。

蒙军入侵

1235年，蒙古军队首次南侵被击退，后又多次南侵。宋军在抗蒙将领孟珙、王坚、余玠等人指挥下，多次击败蒙军。

崖山覆灭

1279年，宋军与蒙古军队在崖山进行了一场大规模海战，最终宋军全军覆没，南宋左丞相陆秀夫背着末代皇帝赵昺投海自尽，宋朝至此宣告彻底灭亡。

Part 2 宋朝疆域变化

北方有许多打仗很厉害的少数民族，一直困扰着大宋。

宋—辽

辽朝（907—1125 年）是由契丹族建立的政权，统治我国北方和东北地区长达 218 年。

宋—辽—金

金朝（1115—1234年）是由女真族建立的政权，统治我国北方和东北地区长达 119 年。

宋—金—蒙古

1206 年，成吉思汗统一蒙古各部，建立了大蒙古国。

宋—蒙古

后来，蒙古国的势力越来越强大，统治了中国的整个北部地区。

两宋共有18位皇帝，北宋、南宋各9位。

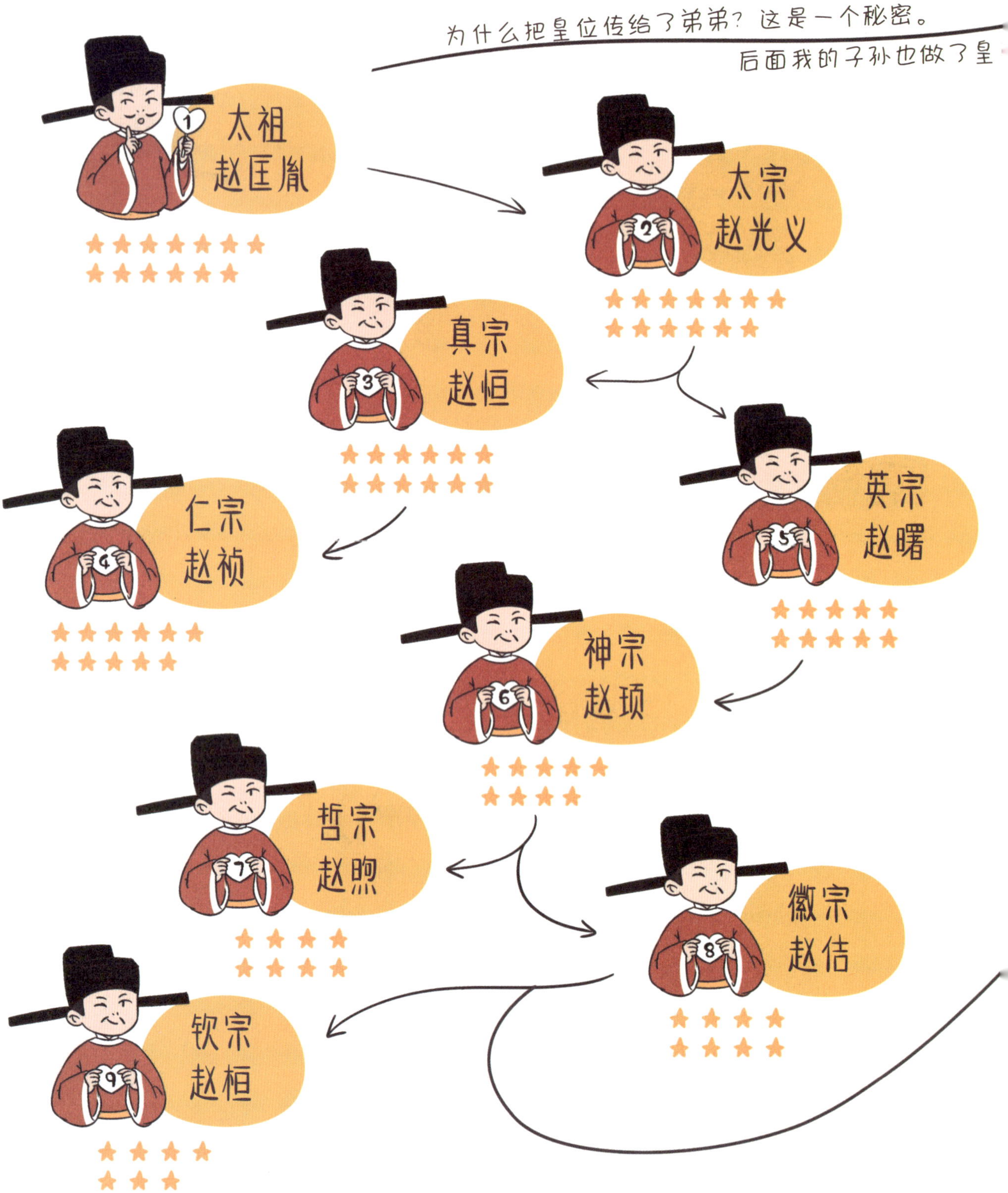

为什么把皇位传给了弟弟？这是一个秘密。
后面我的子孙也做了皇

1 太祖 赵匡胤

2 太宗 赵光义

3 真宗 赵恒

4 仁宗 赵祯

5 英宗 赵曙

6 神宗 赵顼

7 哲宗 赵煦

8 徽宗 赵佶

9 钦宗 赵桓

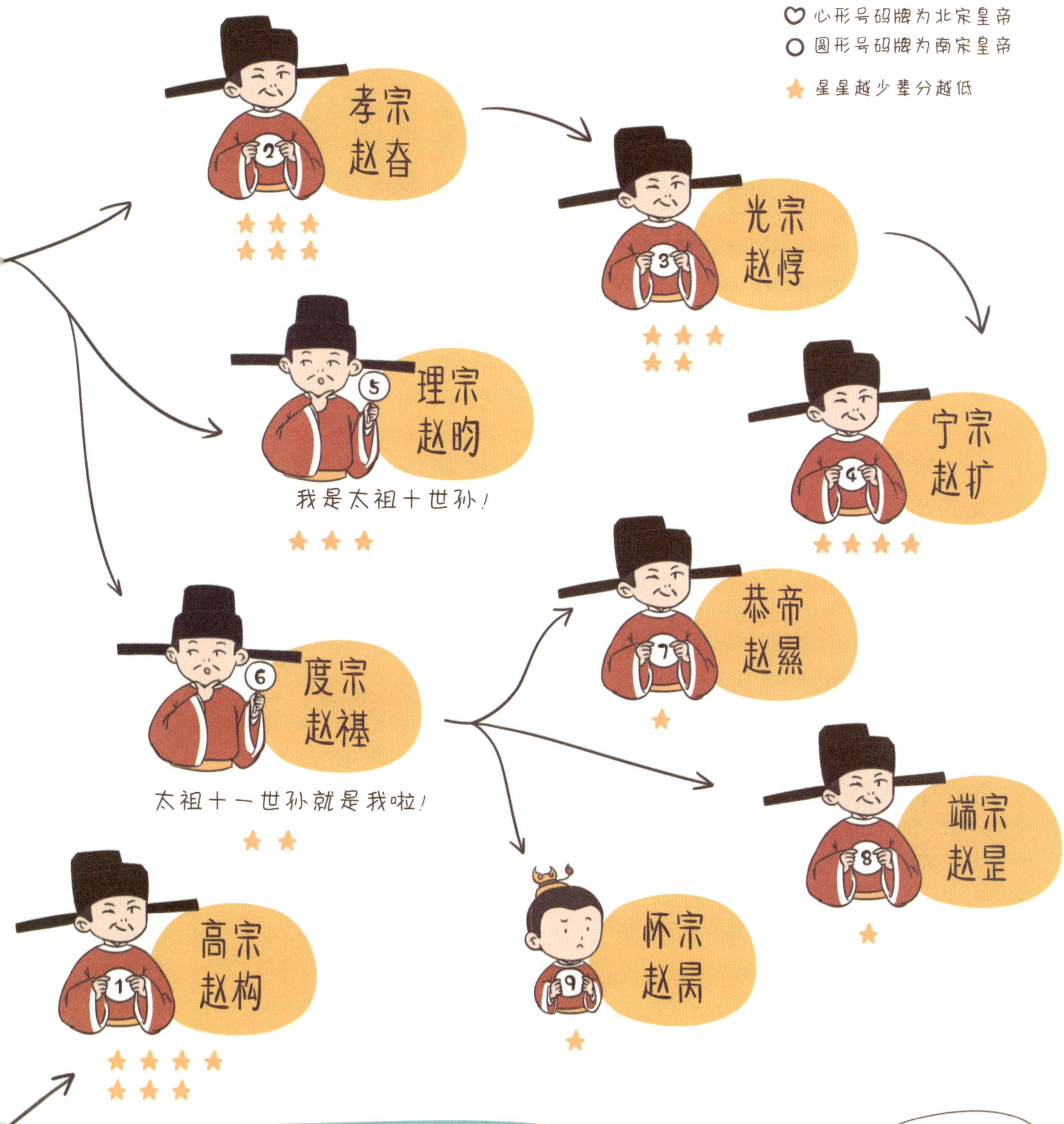

心形号码牌为北宋皇帝

圆形号码牌为南宋皇帝

星星越少辈分越低

2 孝宗 赵昚

3 光宗 赵惇

5 理宗 赵昀

我是太祖十世孙！

4 宁宗 赵扩

7 恭帝 赵㬎

6 度宗 赵禥

太祖十一世孙就是我啦！

8 端宗 赵昰

1 高宗 赵构

9 怀宗 赵昺

大宋半数皇帝非亲生子？

从秦始皇开创“皇帝”称号开始，皇位一般是“父死子继”，偶尔会出现“兄终弟及”或者皇族其他皇子继承的例外情况。宋朝则有些特别，例外情况出现了9次之多，亲生儿子继承皇位的情况只占半数。

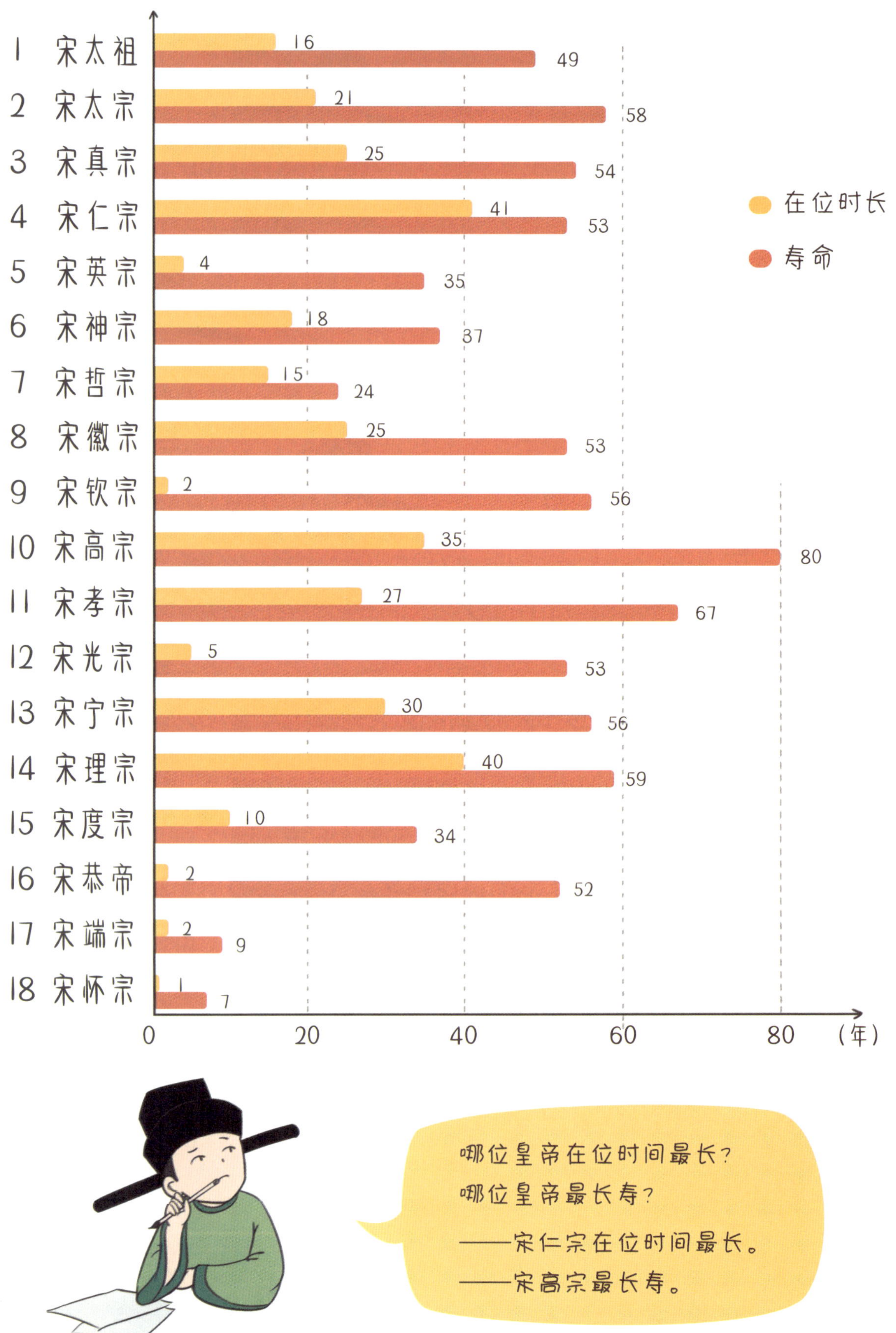
宋朝皇帝在位时长/寿命
1 宋太祖 16 49
2 宋太宗 21 58
3 宋真宗 25 54
4 宋仁宗 41 53
5 宋英宗 4 35
6 宋神宗 18 37
7 宋哲宗 15 24
8 宋徽宗 25 53
9 宋钦宗 2 56
10 宋高宗 35 80
11 宋孝宗 27 67
12 宋光宗 5 53
13 宋宁宗 30 56
14 宋理宗 40 59
15 宋度宗 10 34
16 宋恭帝 2 52
17 宋端宗 2 9
18 宋怀宗 1 7
0
20
40
60
80
(年)
在位时长
寿命
哪位皇帝在位时间最长？
哪位皇帝最长寿？
——宋仁宗在位时间最长。
——宋高宗最长寿。

二 宋朝文学概况

宋朝是继唐朝之后我国文学史上又一个文学创作的繁荣时期，这一时期的主要文学形式有散文、诗、词、小说、戏曲等，呈现出雅俗结合的特点。

雅俗结合……可不是才子和如花结合啊……

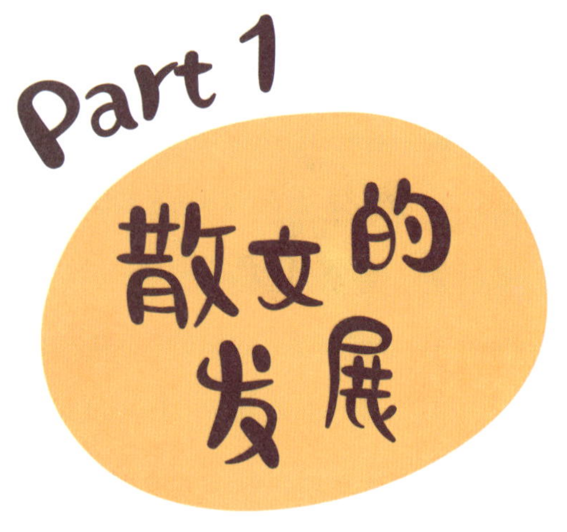

散文在宋朝有了很大的发展，“唐宋八大家”中有6位都生活在北宋中期，可见当时散文的成就之高。这是因为北宋有改革派与保守派的党争，南宋有主战派与主和派的争论，外交语言和政治上的辩论都需要用文章来表达，这在客观上促进了宋朝散文的发展。

从《唐宋八大家文钞》中收录的文章数量可以看出，“唐宋八大家”中，北宋欧阳修和苏轼流传至今的文章数量最多。

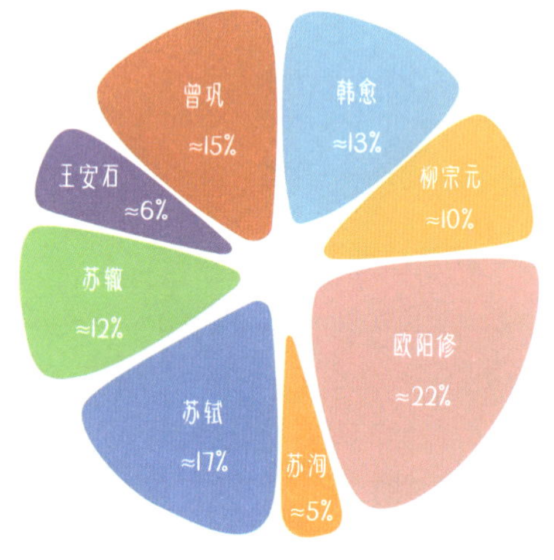

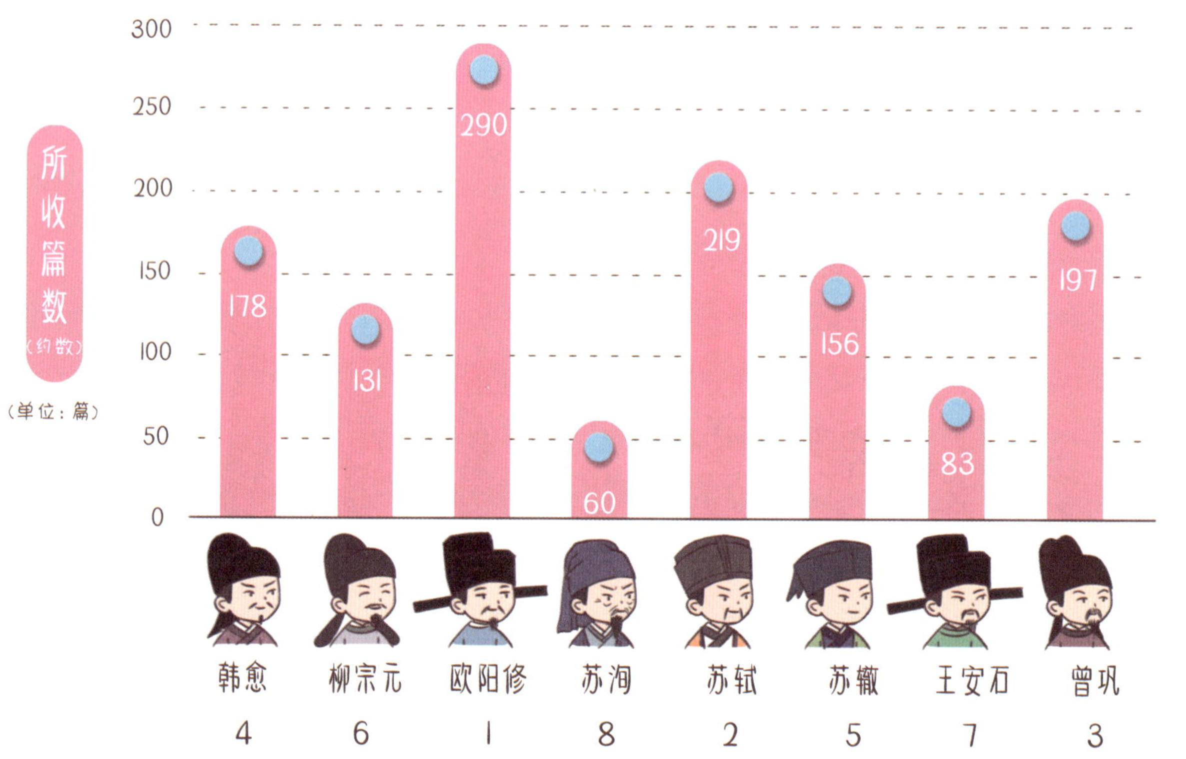

宋朝继唐朝以后出现了又一个诗歌高潮。宋朝诗人写作勤奋，作品众多，《全宋诗》收录了宋诗25万余首，诗人9000余位，远远超过了唐诗与唐朝诗人的数量。

历朝诗词数量与作者人数

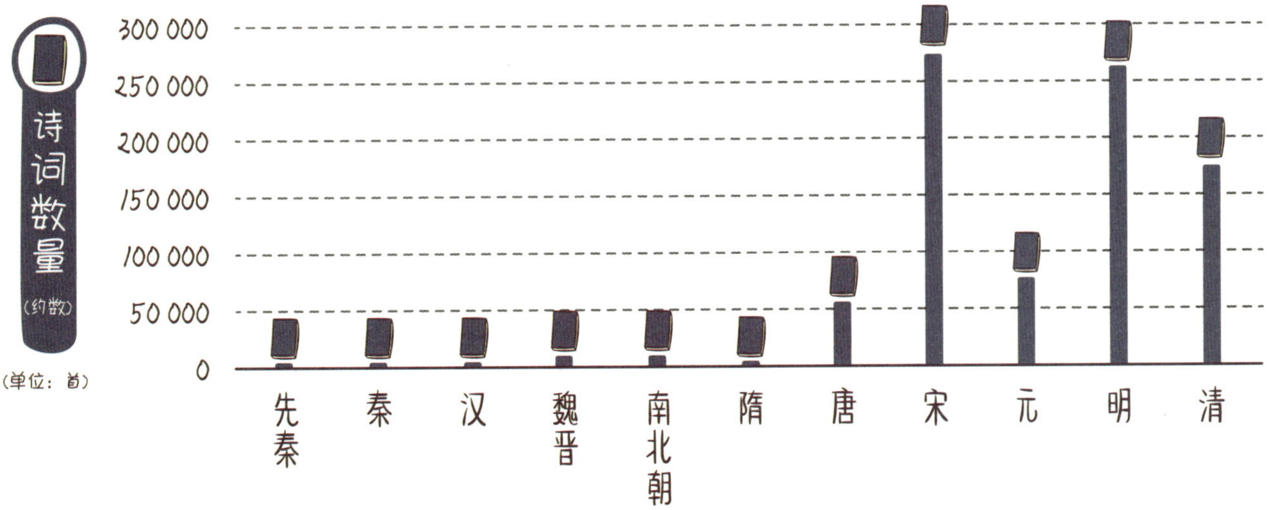

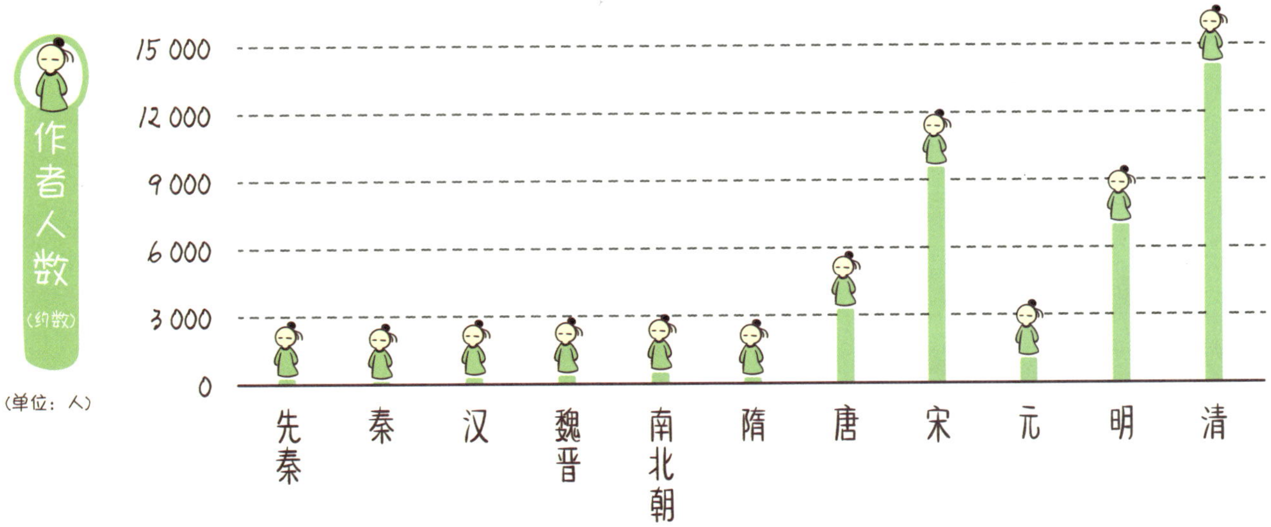

诗词数量（约数）

（单位：首）

300 000
250 000
200 000
150 000
100 000
50 000
0

先秦 秦 汉 魏晋 南北朝 隋 唐 宋 元 明 清

作者人数（约数）

（单位：人）

15 000
12 000
9 000
6 000
3 000
0

先秦 秦 汉 魏晋 南北朝 隋 唐 宋 元 明 清

《全宋诗》中，现存诗作数量最多的诗人是陆游，有近万首，其他排名前十的诗人也都超过了2 000首，远比唐朝李白、杜甫的诗多（李诗近千首，杜诗1 400多首）。这充分说明了宋诗繁荣的盛况。

《全宋诗》中高产诗人云图

《全宋诗》中诗作量TOP10（单位：首）

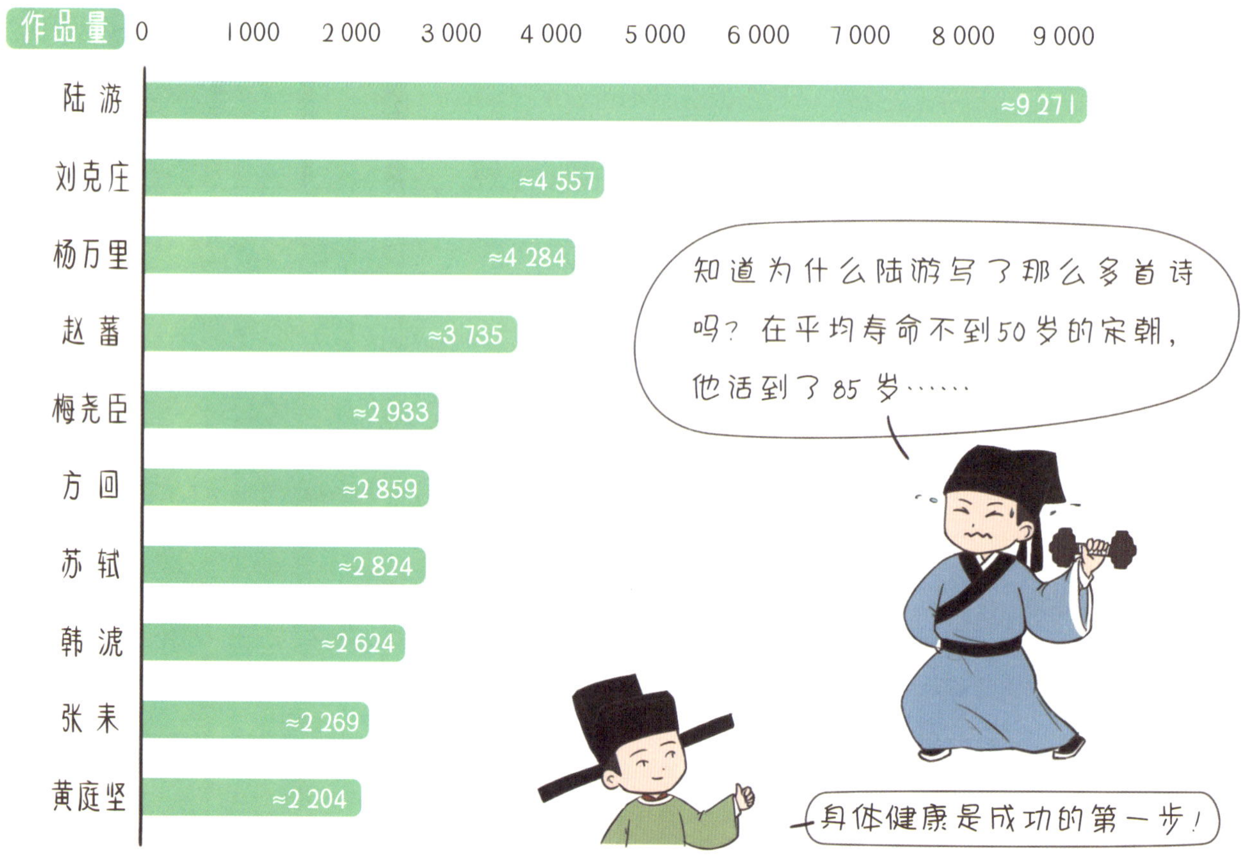

Part 3 宋词的发展

大家都知道“唐诗”“宋词”“元曲”“明清小说”的说法，这反映了各个朝代文学繁荣的侧重点。但实际上，宋词的数量远远少于宋诗，《全宋词》中收录的宋词仅有2万余首，词家1500人左右。最勤奋的词人辛弃疾，作词数量也就600余首。

《全宋词》中高产词人云图

《全宋词》中词作量TOP10（单位：首）

那么，宋词为何能够超越宋诗而成为宋朝的**一朝之文学**呢？

一是因为在宋朝，不少优秀的词人在词的创作上精益求精，使词的形式更加丰富、语言更加精炼、意境更加优美，特别是最具有代表性的苏轼、辛弃疾等人，把本来属于诗歌的“言志”内容写到词中，“以诗为词”，提高了词的地位。

二是因为在传统上，词与音乐有不可切割的关系，它与人的情感生活更为贴近，因此传唱更为广泛。

三是因为宋词不仅影响到明、清小说，而且作为更偏向于“白话文”的一种文学形式，对后世我国文化的发展也有着深远的影响。

宋词的发展大致可分为北宋与南宋两个时期，每个时期又可根据词体、词风的演进分为不同的阶段。明人张綖最早将宋词分为**婉约、豪放**两大派。

婉约派词作婉转和谐，语言圆润清丽，擅长描写离别相思之苦，代表人物有柳永、李清照、晏殊、晏几道、秦观、周邦彦、张先等。

晏殊　李清照　柳永

豪放派词作以豪迈见长，视野较为广阔，借用诗文手法，词以“言志”为主，擅长抒写壮丽山河、描写历史遗迹、抒发爱国感情，代表人物有王安石、苏轼、辛弃疾等[①]。

辛弃疾　王安石　苏轼

①孙克强．清人对唐宋词风格流派的划分及其意义[J]．文艺理论研究，2009(1):59-64.

此外，近代以来，也有学者将宋词分为晏欧江西词派、柳永俗词派、苏轼“以诗为词”派、南渡时期的英雄豪杰派、学苏的文人才子派、南宋前期的稼轩词派等前后共十多个重要词派[①]。

①刘扬忠. 唐宋词流派史 [M]. 2版. 北京：中国社会科学出版社，2007；陈庆元. 评刘扬忠《唐宋词流派史》[J]. 文学评论，2000(3):141-143.

Part 4 宋诗与宋词中最喜欢写点啥？

宋诗、宋词中什么词写得最多？

《全宋诗》词频 TOP3：不知、春风、平生

《全宋词》词频 TOP3：东风、何处、人间

《全宋诗》词频TOP云图

《全宋词》词频TOP云图

无论是宋诗还是宋词，我们根据词义可发现在词频 TOP 云图中有三类出现得最多：自然现象景物类、与人有关类、时间地点类。

具体的自然现象景物类词语，如“春风”“东风”“梅花”“江南”等占了大多数。诗人不只是单纯地对具体的自然现象景物进行描述，还会借助对此类物象的描写表达自身情感。以梅花为例，宋人爱梅，常常借助描写傲雪凌寒的梅花来赞扬洁身自好、坚贞不屈、敢于斗争的气节操守。

与人有关类词语基本都是用于描写相逢、别离和回忆的动作，或表达焦虑、愁闷、感伤等悲伤情感，如“不知”“不见”“归去”“归来”“憔悴”“肠断”等。

时间地点类词语的描述大多涉及过去和现在，如“如今”“当年”“何处”等，与未来有关的描述较少。

如果从词派上来看，基于数据分析结果：

婉约派中“春”“情”“花好月圆”“愁”“恨”“泪”“憔悴”“柔情似水”等词频度极高。

婉约派宋词文本关键词云图

豪放派中“仙”“旌旗”“华发”“功名”“乾坤”“光阴荏苒”“沧海桑田”等词频度极高①。

豪放派宋词文本关键词云图

①苏文成，卢章平. 数字人文研究方法争议浅析——以宋词流派特征远距离阅读项目为例 [J]. 图书馆论坛，2018(2):22-28, 43.

宋诗、宋词中什么情绪出现最多？

总体来看，“思”的情绪占了主流，“喜”+“乐”两种欢乐的情绪少于悲伤、忧愁、思念的情绪。可见宋朝诗词也继承了中国古典诗歌以悲为美的传统。

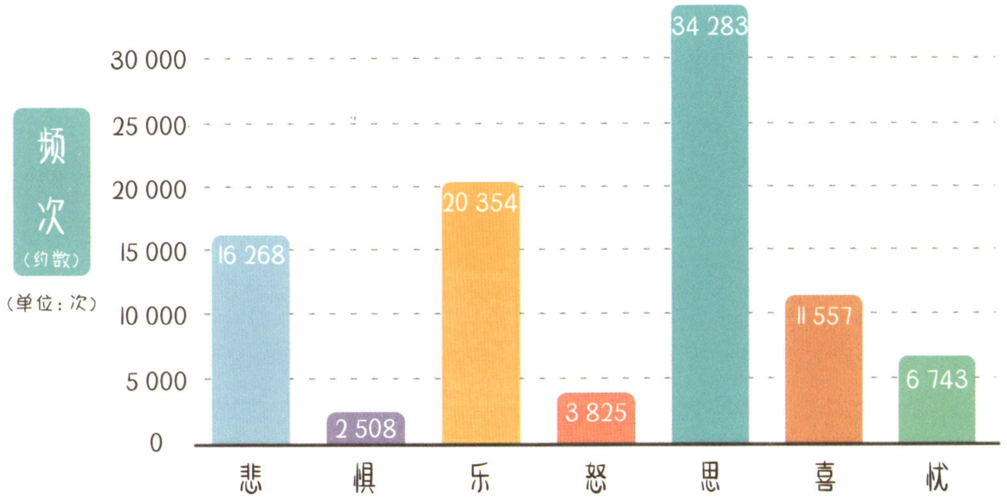

频次（约数）

（单位：次）

悲	惧	乐	怒	思	喜	忧
16 268	2 508	20 354	3 825	34 283	11 557	6 743

我大宋的未来在哪里？

没什么，饮了这杯酒，再作词一首。

王安石

陆游

李清照

宋诗、宋词中什么颜色出现最多？

古代以青、黄、赤、白、黑五色为正色。统计得出，《全宋词》与《全宋诗》中出现次数最多的是白色系颜色词。

宋诗、宋词哪个季节写得最多？

统计与“春”“夏”“秋”“冬”这4个季节相关的词语在《全宋词》与《全宋诗》中出现的频次，“秋”字位居榜首，“春”字排在第2位，“夏”和“冬”出现的频次要比“春”“秋”少太多，宋人也同样继承了中国古典诗歌“伤春悲秋”的传统。

宋诗、宋词中哪种动物写得最多？

《全宋词》与《全宋诗》中，飞禽中“鹤”的意象出现得最多，走兽中“龙”的意象出现得最多。

为啥龙是走兽？
它明明会飞的嘛……

有请
上榜
动物！

宋诗、宋词中哪种植物写得最多？

《全宋词》与《全宋诗》中的植物种类有近200种之多，其中出现频率最高的是“竹”与“梅”，在这背后，渗透着宋人的审美意识和文化心态。相较于国势强盛的唐朝，宋朝是一个积贫积弱的朝代，因此有着深沉忧患意识的文人显得性格较为内敛，追求一种理智、平和、稳健、淡泊的人生态度。竹与梅的坚贞不屈、洁身自好恰好迎合了宋人淡泊名利的心态和审美趣味。

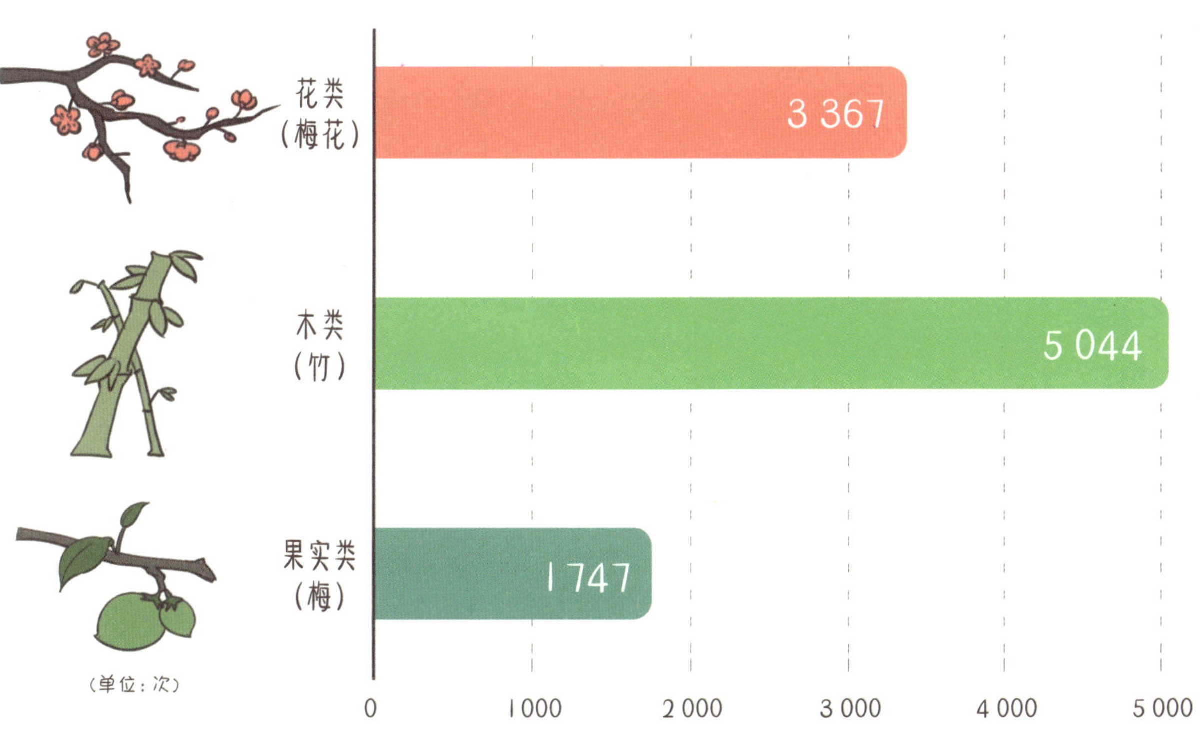

大宋文人的关系怎么样?

如果宋朝文人也有朋友圈,谁和谁的关系好?我们可以从他们之间相互引用、相互写诗的角度来一窥究竟。《全宋词》与《全宋诗》中“互写”诗歌数量最多的就是苏轼、苏辙这一对兄弟了!

苏辙@苏轼313次

苏轼@苏辙223次

整天看你哥俩@来@去的,

我也发个朋友圈@一下。

← 朋友圈

苏轼

黄焖猪肉又便宜又好吃,一天两大碗,赛过老神仙。@苏辙

10分钟前

♡ 苏辙

苏辙:哥,你悠着点,小心脂肪肝。

宋朝文史中的那些事儿

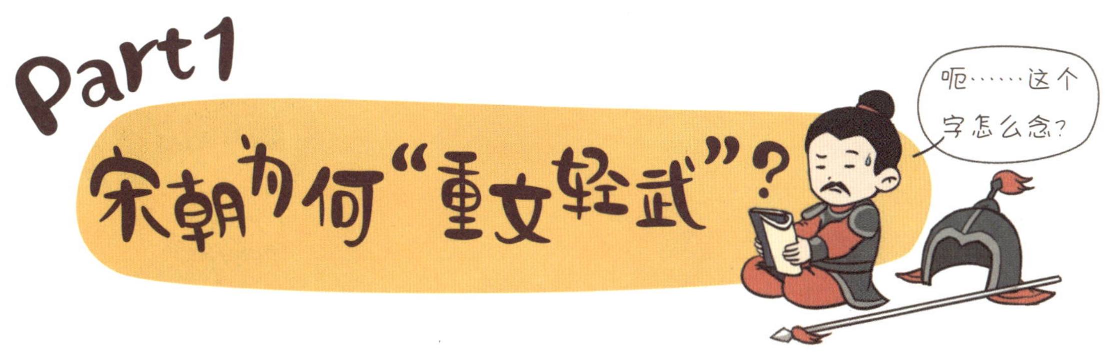

Part1 宋朝为何“重文轻武”？

赵匡胤登基之后，对武将十分忌惮，他让自己的亲信带领禁军，但只给他们带兵之权不给他们发兵之权，还频繁更换军队将领，避免将领的威望过高。为什么他要这么做呢？这还要从赵匡胤的登基说起。

从唐朝灭亡（907年）到宋朝建立（960年）的这53年间，中原地区相继出现了5个政权，合称五代。五代的开国君主都是掌握兵权的武将。在这五十几年里，共发生了15次政权更迭，其中属于正常继位的只有5次，常规的改朝换代有2次，因为禁军哗变或者大臣谋反而导致的政权更迭则有8次。

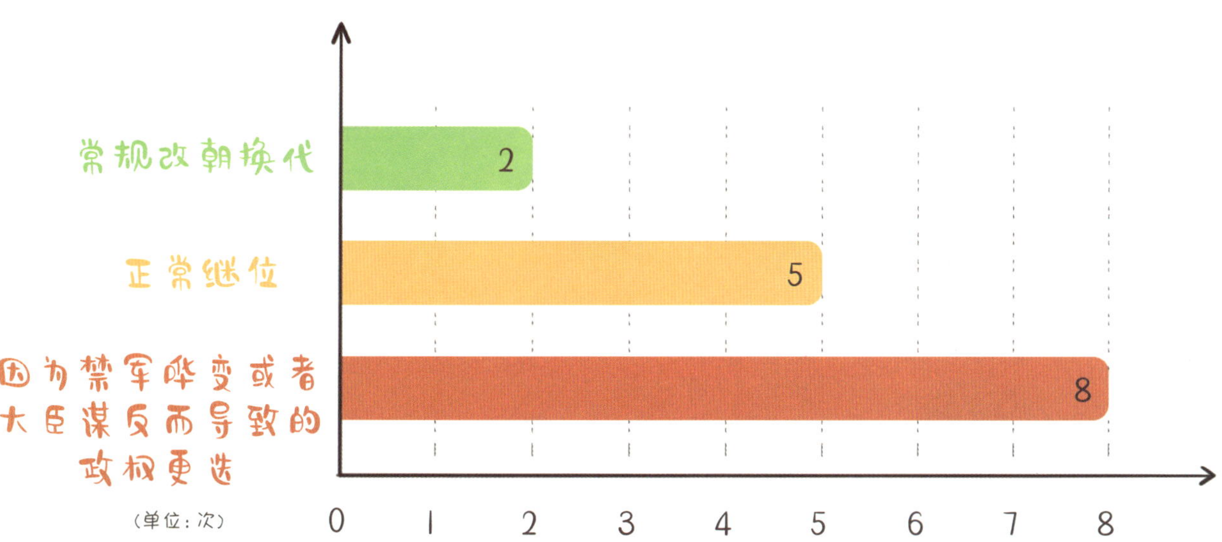

政权更迭图

正常继位

非正常继位

唐

唐昭宗

后梁

唐哀帝

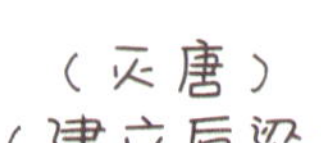

（灭唐）
（建立后梁）
朱温

后唐

（朱温儿子）朱友珪
（登基，后被杀）

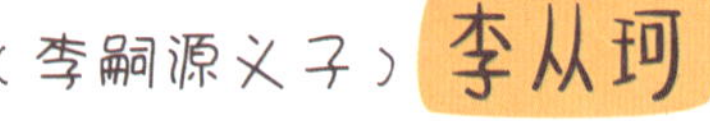

李存勖（灭后梁）
（建立后唐）

（朱友珪弟弟）朱友贞
（登基，后被杀）

李嗣源（李存勖干兄弟）

正常继位
公元933年

（李嗣源义子）李从珂
（登基，后被杀）

李从厚（李嗣源儿子）

后晋

石敬瑭
（灭后唐）
（建立后晋）
（李嗣源女婿）
（后唐节度使）

石重贵（石敬瑭养子）

契丹攻破开封，灭后晋。改“大契丹国”为辽朝，后退出中原。

宋太祖赵匡胤也是通过发动造反当上皇帝的，作为后周的禁军统帅，他在陈桥驿发动兵变夺取皇位，建立了宋朝。所以，他自己非常害怕武将夺权和出现士兵只服从将领不服从皇帝的局面。

重文轻武

所以，自宋太祖开始，宋朝的皇帝都不断提高文臣地位，打压武将，从而杜绝武将造反、改朝换代的可能，不让自己的政权受到威胁。体现在文学上，就是诗词中的勇武之气减少，与军事相关的词汇的出现频率降低。

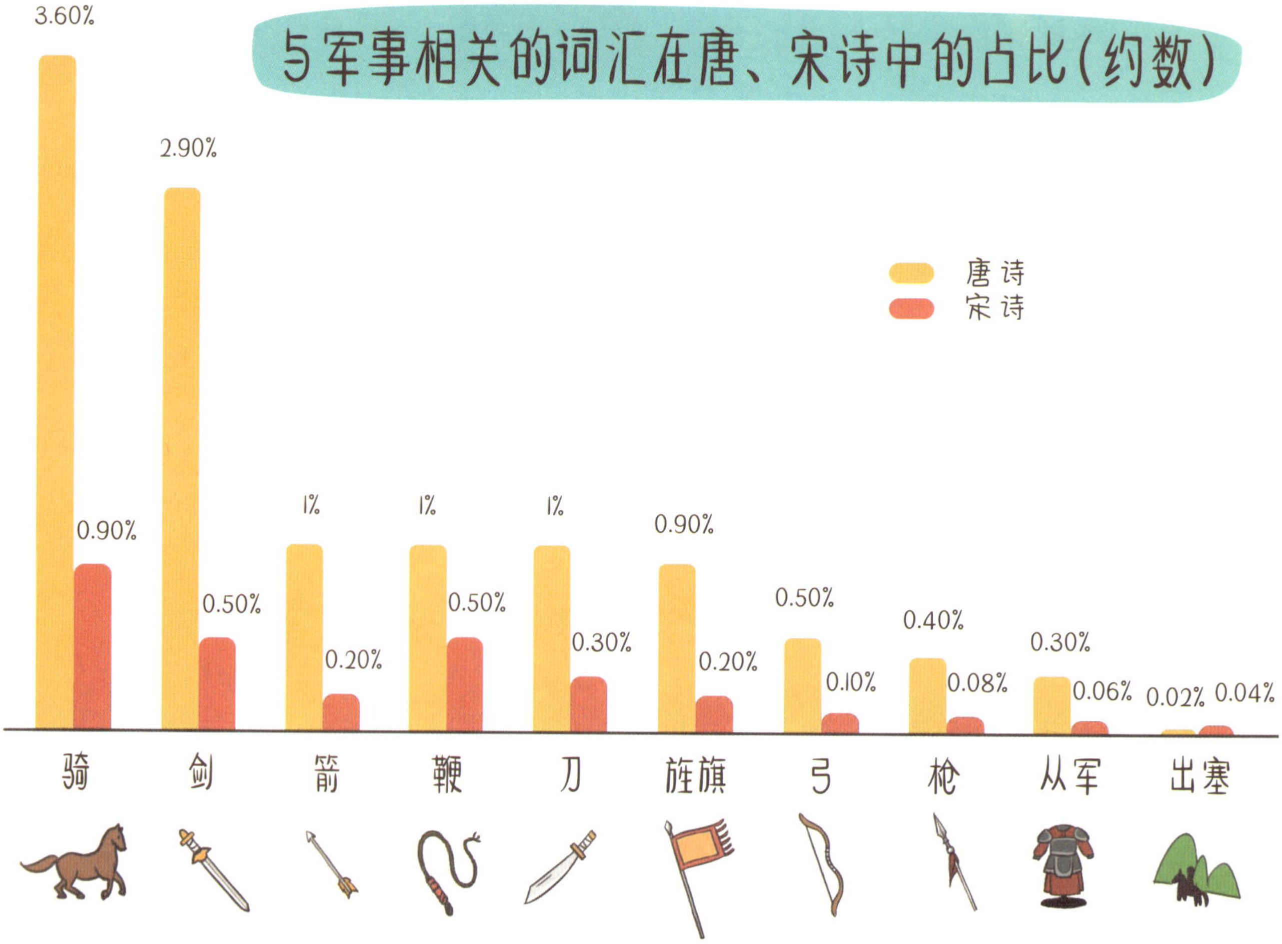

与军事相关的词汇在唐、宋诗中的占比（约数）

词汇	唐诗	宋诗
骑	3.60%	0.90%
剑	2.90%	0.50%
箭	1%	0.20%
鞭	1%	0.50%
刀	1%	0.30%
旌旗	0.90%	0.20%
弓	0.50%	0.10%
枪	0.40%	0.08%
从军	0.30%	0.06%
出塞	0.02%	0.04%

Part 2 为何“男儿欲遂平生志，五经勤向窗前读”？

宋真宗的诗中写道：

富家不用买良田，书中自有千钟粟。
安居不用架高堂，书中自有黄金屋。
出门莫恨无人随，书中车马多如簇。
娶妻莫恨无良媒，书中自有颜如玉。
男儿欲遂平生志，五经勤向窗前读。

也就是说，男儿只要好好读书，就能获得想要的一切，而这一切的获得途径便是读书参加科举考试，然后做官。

为什么宋真宗会这么说呢？

这是因为受“重文轻武”的思想影响，宋朝鼓励官员学习，重视科举，教育制度不断变革，考试流程规范、简化，应试资格大大放宽，宋朝著名的文学家，几乎都是进士出身。其中具有代表性的有晏殊、王安石、欧阳修、苏轼、文天祥等。

教育制度变革发展

相比唐朝，宋朝没有在制度上过分限制私学，所以无论是官办学校还是私学书院的普及范围都很广，其声势和规模远远超过了之前的朝代。

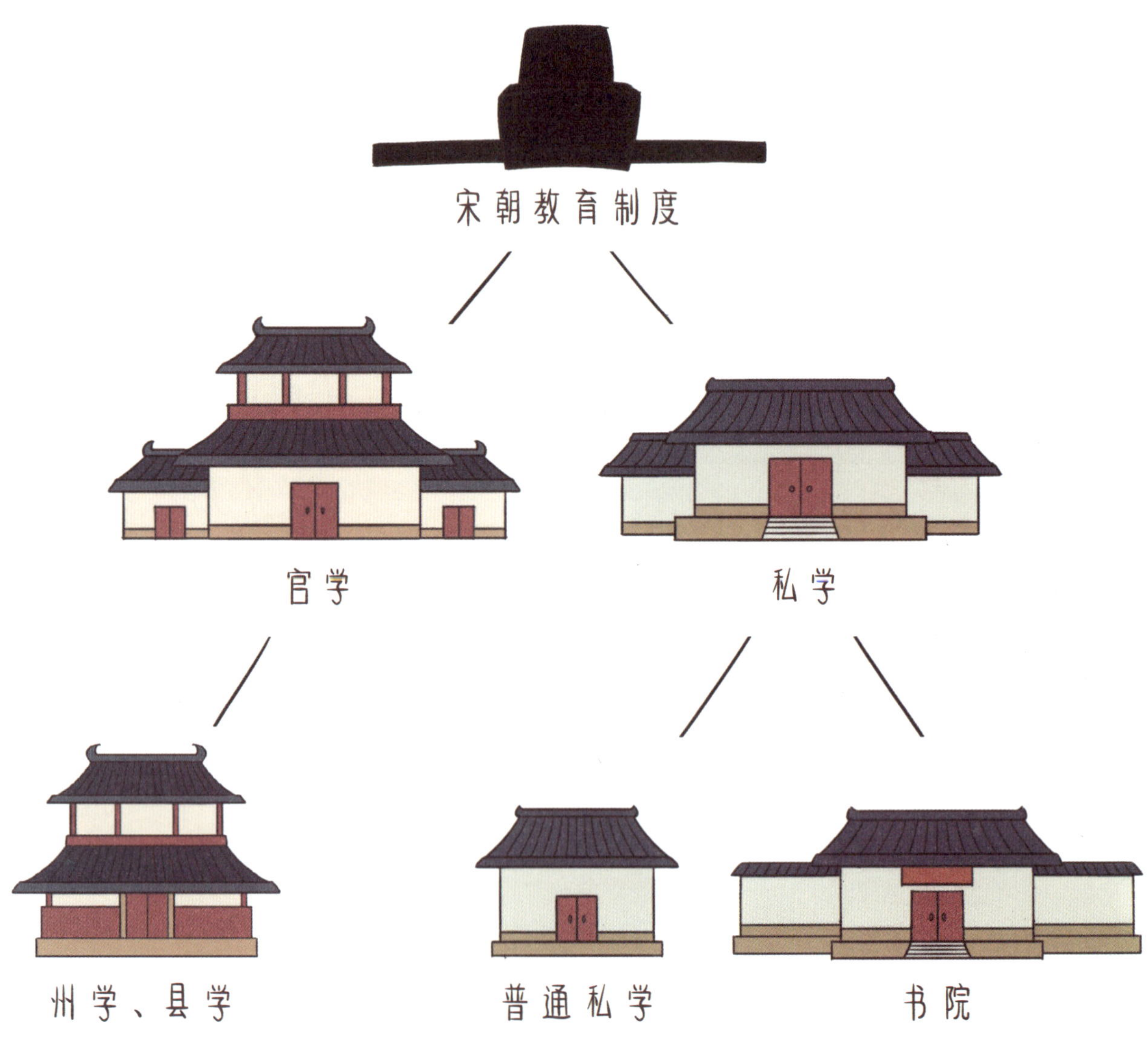

唐朝时要想参加科举，首要条件就是必须在国子监或州、县学馆读书；而到了南宋时期，无论出自官学、私学，均可参加科举考试。

考试流程规范、简化

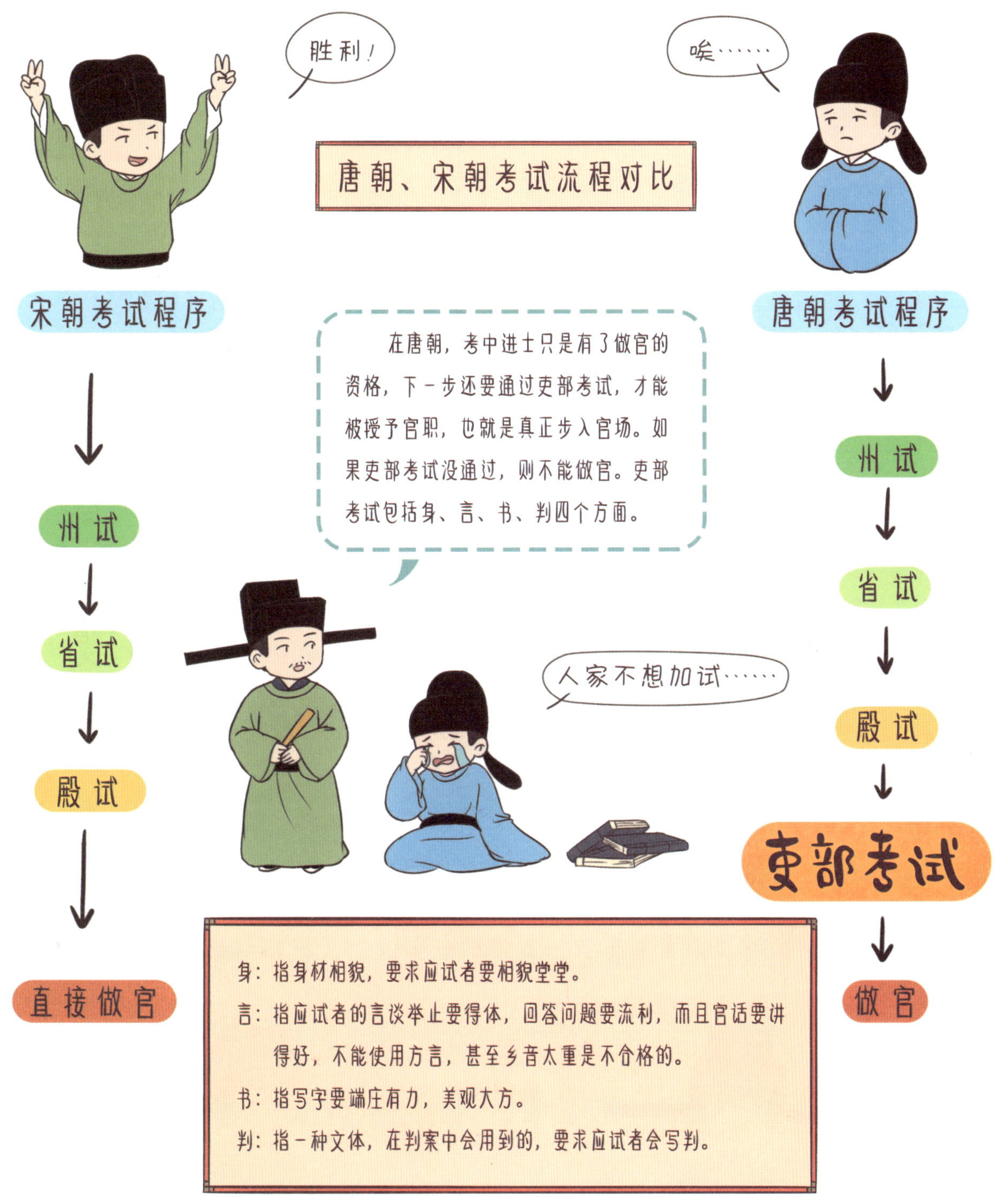

身：指身材相貌，要求应试者要相貌堂堂。

言：指应试者的言谈举止要得体，回答问题要流利，而且官话要讲得好，不能使用方言，甚至乡音太重是不合格的。

书：指写字要端庄有力，美观大方。

判：指一种文体，在判案中会用到的，要求应试者会写判。

相较于唐朝，宋朝无须通过吏部考试，只要考中进士，便可直接获得官职进入仕途。

应试资格大大放宽

隋唐时期，科举考试有门第限制，只有出身书香门第或者权贵的人才可以参加科举考试。宋朝则大大放宽了应试者的资格限制，僧道都可参加科举考试，只有罪犯、倡优、衙役三种人不能参加科举考试。

创造了“弥封”“誊录”等考试方法以防止科场作弊

弥封 把试卷卷首的考生姓名、籍贯和初定等第都要封住或者裁去，以防评卷官徇私舞弊。

誊录 将试卷在封弥院密封卷头后，送至誊录院，将考生原卷交给挑选出的书吏用朱笔誊写，不得有丝毫改动，卷末书誊录人姓名。

由此，科举制度不断完善，选拔愈加公平有效。宋朝形成了尚学、尚文之风，大家都争相用功读书，为的就是能够一朝中举、出人头地。所以，宋朝皇帝为了招揽更多人才，积极鼓励大家读书参与科举，宋朝科举录用人数比唐朝大增。也因为这种尚文的大环境，宋朝的文人都很积极地参与科举考试。皇帝与士大夫共治天下也是宋朝政治的显著特点。

唐朝与北宋早期的科举次数与录取进士人数的基本情况

时　代	时间 / 年	科举次数 / 次	录取进士总数 / 人	平均每榜 / 人
唐　朝	290	268	7 448	28
宋太祖	17	15	188	13
宋太宗	21	8	1 487	186
宋真宗	25	12	1 760	147
宋仁宗	41	13	4 561	351

宋朝爆发农民起义的频率非常高。

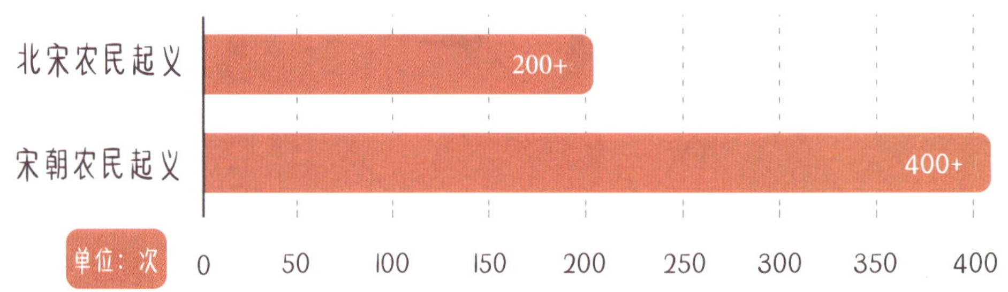

为了平息事端，宋朝统治者把这些农民招募为士兵，由国家供养。这样一来，宋朝士兵的数量激增，养兵的花销巨大，给国家的财政带来了很大压力。

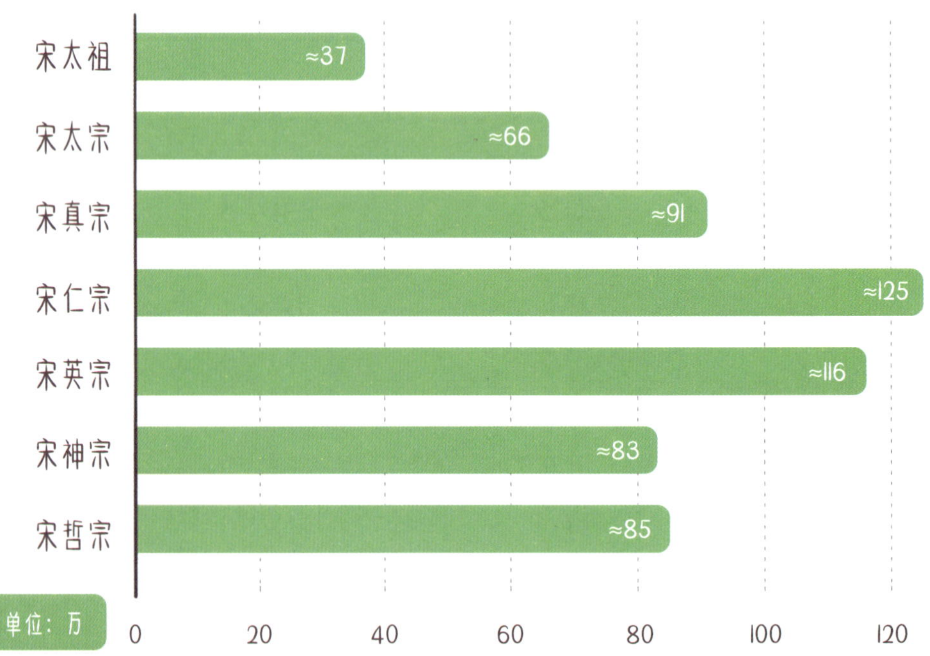

①王曾瑜．宋朝军制初探[M]．北京：中华书局，2011．

宋朝兵虽然多，但是朝廷频繁调换军队将领，导致士兵不认识自己的将领，将领不熟悉自己的士兵，军队缺乏针对性的训练，打仗的时候指挥失灵。

当时在我国辽阔的土地上，北方先有契丹族建立的辽，后有女真族建立的金，西北有党项族建立的西夏与北宋并立。宋朝的对外战争几乎是屡战屡败。

战况表

战役	对阵	结果
雍熙北伐（公元986年）	VS	（北宋失败）
辽南下伐宋（公元1004年）	VS	（议和）
金第一次攻宋（公元1125年）	VS	（议和）
金第二次攻宋（公元1126年）	VS	（北宋失败）
岳飞抗金（公元1134年）	VS	（议和）
开禧北伐（公元1206年）	VS	（南宋失败）

宋、金南北对峙期间，朝廷中“恢复北方失地”的声音一直没有完全消失。但每次北伐，都有主和派力劝皇帝议和，皇帝也很容易动摇，在战与和之间举棋不定，造成了很多决策失误。

主战派遭到压制，轻则被贬官，重则被斩首。他们无法拯救生活在敌国之中的北方百姓，无法洗刷“靖康之难”的耻辱，无法收复失地，无法施展才华，又备受主和派攻击，遭受皇帝猜忌。他们满怀着悲愤、担忧，无可奈何地写下一首首诗篇。辛弃疾“醉里挑灯看剑，梦回吹角连营”，即使是喝醉了，即使是睡着了，也忘不了带领军队反抗金军的大业，但是那激动人心的军旅生活，只有在醉里、梦中才能再次重温了。

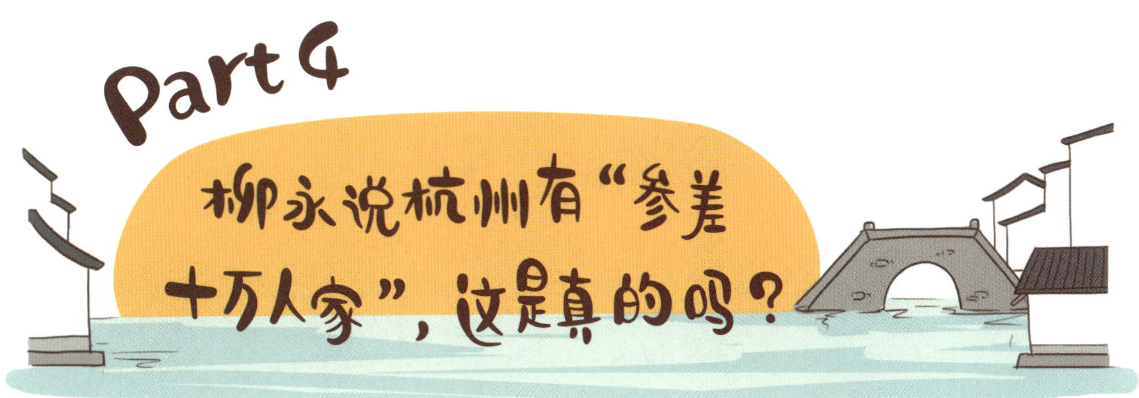

Part 4 柳永说杭州有"参差十万人家"，这是真的吗？

杭州古称钱塘、临安等，有道是"上有天堂，下有苏杭"，自古以来杭州就是一个被文人墨客争相吟咏的好地方。在柳永著名的描写杭州的词作《望海潮》中就有这样一句"参差十万人家"，意思是高低错落的房屋里居住着近十万户人家。

柳永的词告诉我们，杭州城在北宋就达到了十万户人家，要知道，在古代的生产水平下，十万户人家绝对是一个非常庞大的人口数目。那么，杭州当时真的有十万户人家吗？柳永是不是夸张了呢？我们来看一个图表：

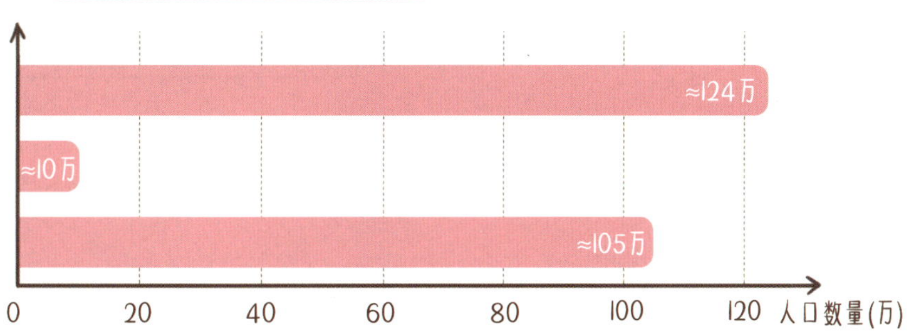

杭州在880多年前就突破了百万人口。而西方到工业革命以后，才出现了百万人口的城市——伦敦。

在宋朝，杭州不仅人口规模大，人口密度也不输今天。

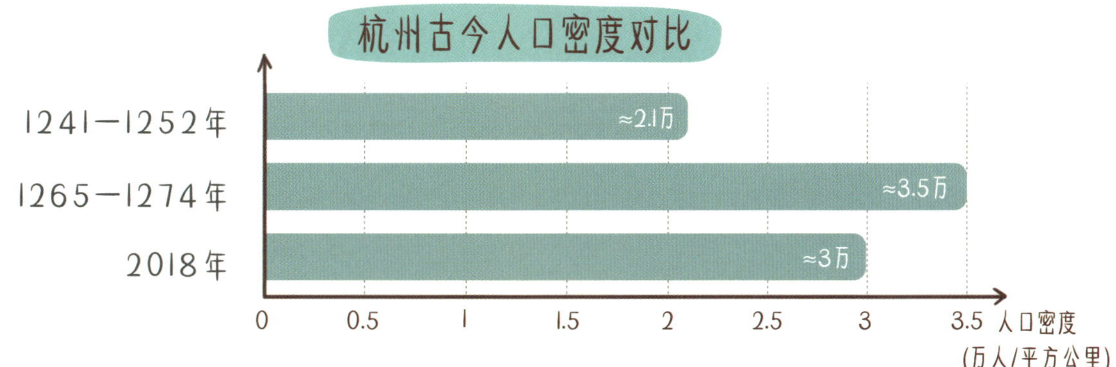

种种数据都能让我们看出宋朝时期杭州的人口极度稠密，数量庞大。人口密集的原因归根结底是经济的繁荣发达。

宋今 GDP 对比图

时间	GDP（约数）	世界排名	GDP占世界百分比（约数）
咸平三年（1000年）①	265.5亿元	1	23%
2019年	99.1万亿元	2	16%

宋朝虽然在政治上较为软弱，总是打败仗，为人所诟病，但在经济上所取得的成就却是举世无双的。宋朝非常富裕，是中国历史上经济最繁荣的朝代，达到了封建社会的巅峰，其繁荣程度，后世封建王朝难以企及。

北宋、南宋杭州户数对比

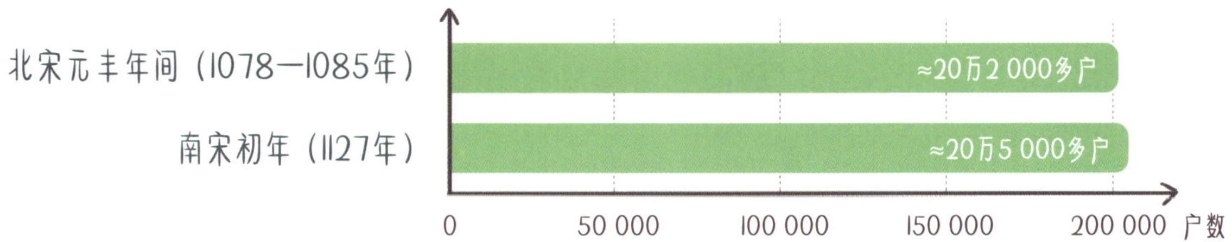

因此，柳永词中“参差十万人家”绝不是夸张化的描写，是完全实事求是的。

①麦迪森. 世界经济千年史 [M]. 伍晓鹰，许宪春，叶燕斐，等译. 北京：北京大学出版社，2003.

Part 5 岳飞为何恨到“饥餐胡虏肉，渴饮匈奴血”？

岳飞在《满江红》中写道：“壮志饥餐胡虏肉，笑谈渴饮匈奴血。”“胡虏”和“匈奴”指的都是金人，为什么岳飞仇恨金人到恨不得吃了他们的肉、喝了他们的血呢？这是因为金人屡次侵扰大宋，给宋朝带来了深重的灾难，最后导致了北宋灭亡。

1126年8月，金兵南侵，北宋都城汴梁（今河南开封）城被攻破，宋钦宗被迫亲自到金营求和。已经看清宋朝皇帝懦弱昏庸本质的金军当然不会轻易放过这次机会，他们要求宋朝提供：

为了满足他们，朝廷把权贵勋旧和平民百姓家里搜刮殆尽，还是没有凑够他们要求的数目。最后用人抵钱，经过金朝挑选，宋朝把下图①所示数量的女子卖给金朝。共抵金607 700锭，银2 583 100锭。

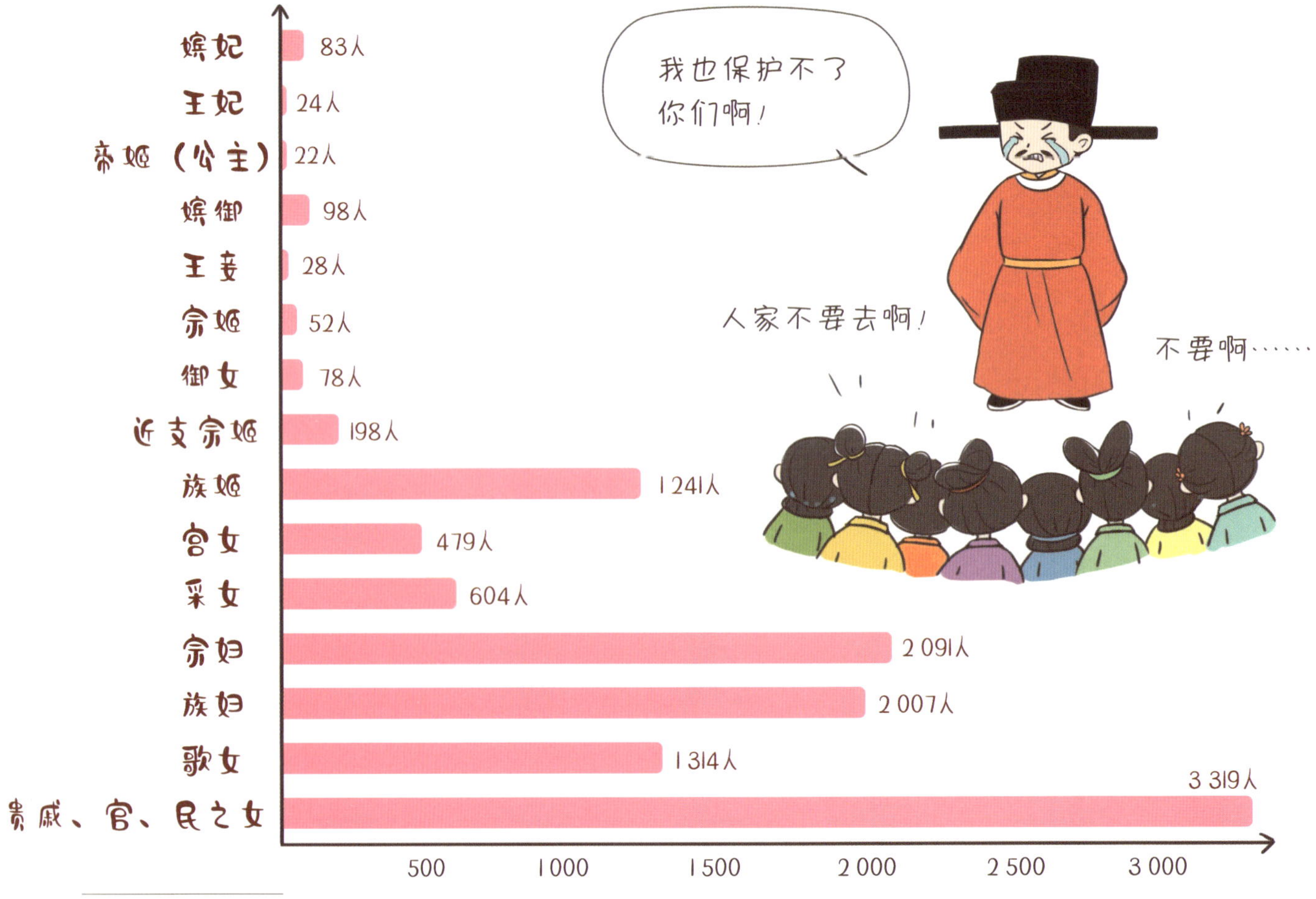

嫔妃	83人
王妃	24人
帝姬（公主）	22人
嫔御	98人
王妾	28人
宗姬	52人
御女	78人
近支宗姬	198人
族姬	1 241人
宫女	479人
采女	604人
宗妇	2 091人
族妇	2 007人
歌女	1 314人
贵戚、官、民之女	3 319人

500　1 000　1 500　2 000　2 500　3 000

我也保护不了你们啊！

人家不要去啊！

不要啊……

①张明华．“靖康之难”被掳北宋宫廷及宗室女性研究[J]．史学月刊，2004(5):48-52.

除了宋朝给的财物之外，金军还曾直接劫掠府库，下表是金军一次抢劫的珠宝数量（部分）[①]：

财物种类	数量（约数）
珍珠	423斤
玉	623斤
玛瑙	1 200斤
水晶	15 000斤
象牙	1 460根
金桌子	120张
银交椅	20把
珍珠扇子	400把

尽管北宋朝廷已经竭尽所能地满足金军的条件，金军还是把包括宋徽宗、宋钦宗在内的皇室成员以及大臣、宫人、倡优、工匠等10多万人掳至北方。1127年，北宋灭亡，史称“靖康之难”。

“靖康之难”对于宋朝来说无疑是奇耻大辱，更是一次深重的灾难。宋朝的大片土地被金人占据，无数百姓生活在金人的统治之下，南宋仅剩半壁江山，还时刻处在金人南下的威胁之中，所以岳飞才对金人恨之入骨，写下了“壮志饥餐胡虏肉，笑谈渴饮匈奴血”的词句。

①崔玉谦. 皇权与国运兴衰视角下的宋代内藏库研究[J]. 中国经济史研究，2019(1):193.

Part 6 为何有井水处就有人吟唱柳词？

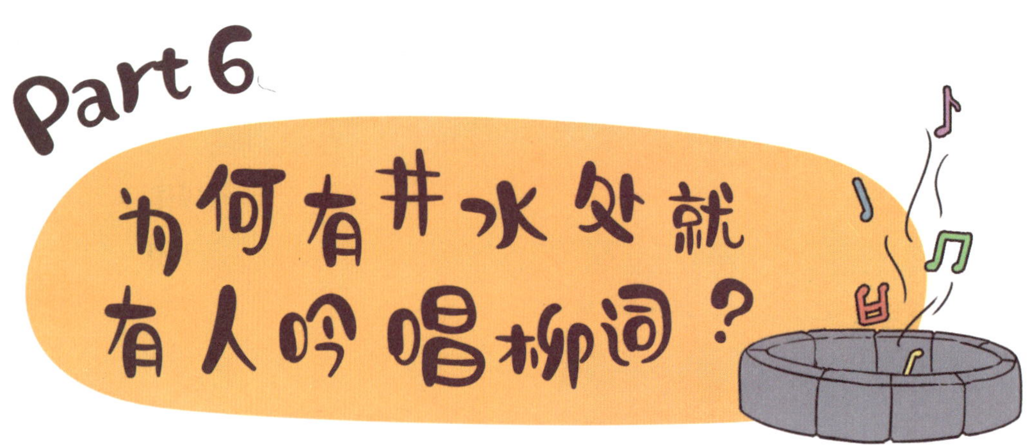

“凡有井水饮处，即能歌柳词”，这说的是柳永的词在民间的传唱度非常高，柳永可以说是中国最早的“歌坛音乐教父”，这其实与歌女们的争相传唱是分不开的。《全宋词》收录柳词212首，其中与歌女有关的词作有149首，占7成之多。

为何歌女与柳词的关系如此密切？这要从大宋的娱乐产业说起。

在政治稳定、经济强盛的基础上，大宋的娱乐产业是出了名的发达，随处可见专门的商业和娱乐场所——“瓦子”（又叫瓦肆），其中的演出场所，相当于现在的戏院，因为要用护栏围起来，所以被称为“勾栏”。

隋唐时期都城专门的商品市场总共才两三个，而北宋极盛时期，开封城里的瓦子有10所规模比较大的，其中大小勾栏50余座。南宋中后期，首都临安城内的瓦子竟然多达23所，勾栏50多座，瓦子演出的技艺有50多种。由此可见，大宋娱乐产业有多发达[①]！

①张楠．从宋代“瓦肆”市场看我国古代商业音乐文化[J]．中国音乐，2006(4):187-190；龙登高．南宋临安的娱乐市场[J]．历史研究，2002(5):29-41；尚光一．宋代娱乐产业与宋词审美情趣[J]．青岛大学师范学院学报，2009(4):79-84.

在瓦子、勾栏的舞台上，每天都有形式多样的表演：

杂剧

融合歌曲、舞蹈、说白的戏剧形式

傀儡戏

木偶戏

皮影戏

用兽皮或纸板做成人物剪影进行表演

七圣法

魔术表演

相扑

摔跤

蹴鞠

踢球

唱词也是当时最为常见的娱乐节目之一，词人们为了迎合娱乐产业的市场需要，作品一般追求通俗，便于民间传唱。唱词的歌女是宋词重要的传播者，她们乐于演唱词人的名作来提高知名度，当时的文人雅士常常和歌女吟诗作赋，她们耳濡目染，往往才情过人，留下了不少佳话。

而词人柳永可以说是歌女们的大众情人，他的词作自然也流传极广。

柳永曾写下“忍把浮名，换了浅斟低唱”的名句，传到了宋仁宗皇帝那里。有一次他参加科举考试，宋仁宗临轩放榜时想起了柳永这句词，就说道：“且去浅斟低唱，何要浮名。”便将他的名字划了去。

除了柳永，宋朝还有不少著名文人也曾为歌女写下词作，比如大文豪苏轼。

苏轼的好友被贬谪岭南，歌女寓娘毅然随行。苏轼问当地风土如何，歌女坦然回答道："此心安处，便是吾乡。"苏轼颇为感动，写下了一首《定风波·南海归赠王定国侍人寓娘》。

定风波·南海归赠王定国侍人寓娘

苏轼

常羡人间琢玉郎，天应乞与点酥娘。
尽道清歌传皓齿，风起，雪飞炎海变清凉。
万里归来颜愈少。微笑，笑时犹带岭梅香。
试问岭南应不好，却道：
此心安处是吾乡。

看来，大宋的歌女们不仅是宋词的重要传播者，也走进了宋词，成了其中的重要角色。

Part 7 苏东坡：不想当厨子的词人不是好翰林

宋朝是中国美食的黄金时代，宋朝的开封与杭州，简直就是“吃货”的天堂。就是今天的五星级大饭店，恐怕菜谱上的名目也未必有那么丰富。

宋朝酒楼菜单节选

面	
桐皮面	三鲜面
盐煎面	蝴蝶面
鸡丝面	插肉面
晻生软羊面	
笋拨肉面	
子料浇虾燥面	

馒头	
羊肉馒头	蟹肉馒头
笋肉馒头	糖肉馒头
鱼肉馒头	
裹蒸馒头	
菠菜果子馒头	
杂色煎花馒头	

饼	
千层饼	芙蓉饼
乳饼	熟肉饼
菜饼	菊花饼
胡饼	梅花饼
牡丹饼	糖饼
炙焦金花饼	

糕点	
糖糕	彩糕
花糕	栗糕
蜜糕	麦糕
糍糕	豆糕
蜂糖糕	小甑蒸糕
雪糕	重阳糕

宋诗、宋词中食物出现的次数

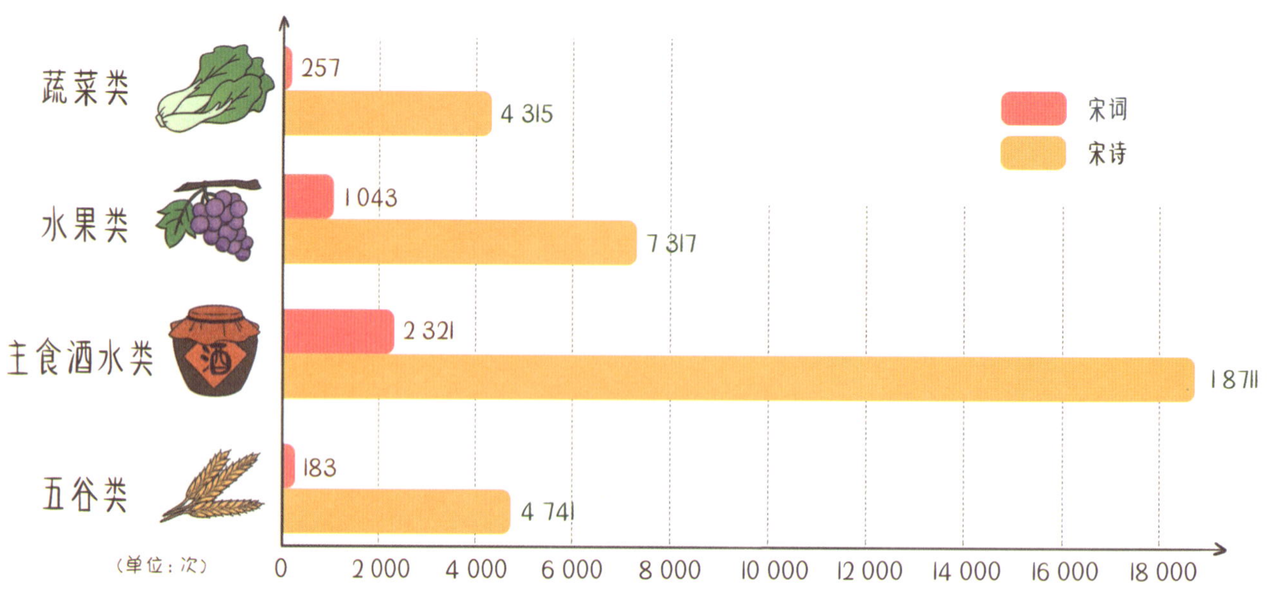

在宋朝的诗词中，各类食物中出现频次最高的就是主食酒水类，这是因为宋朝文人真的很爱吃。并且，许多我们耳熟能详的宋朝文豪们都是隐藏的吃货，比如下面这几位：

不过，这些文人中最爱吃也最会吃的就是苏轼，他是当时有名的美食家，创作了许多与美食相关的诗词，放到现在，苏轼绝对是火爆全网的美食博主！

苏东坡的名号真的是无人不知，无人不晓，可他的仕途却不尽如人意。他自21岁出仕，历经贬谪，几经流落，最后客死他乡不得归。但苏轼从来不将贬谪看作一件苦事。从北到南，从繁华的开封到偏远落后的儋州，苏轼似乎没什么不满，刚到惠州吃上了荔枝，他就忍不住高兴地说："我生涉世本为口，一官久已轻莼鲈。"意思大概就是我活着就是为了吃啊。如此可爱的吃货苏东坡，怎能叫人不爱呢？

Part 8 李清照："浓睡不消残酒。"古代未成年女孩儿也能喝酒？

宋朝文人特别喜欢喝酒，酒是他们文学创作中不可或缺的一部分，在诗词里出现的频次非常高。

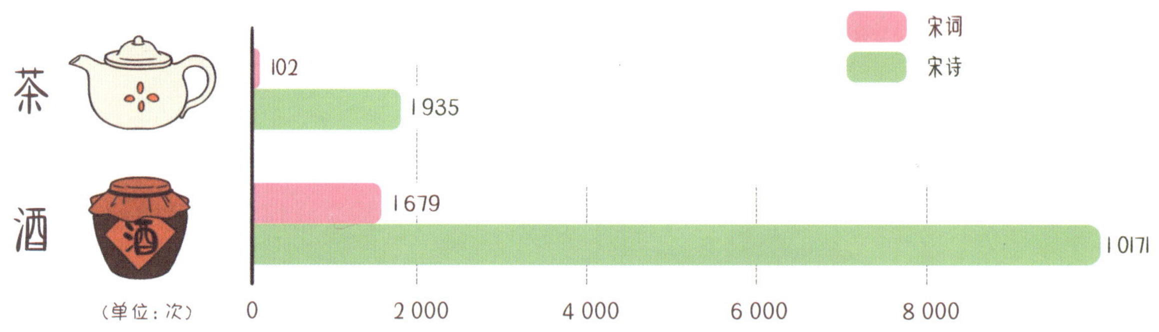

李清照，宋朝典型的“白富美”，她的诗词清丽婉约。在我们的印象中，李清照似乎应该是一位性情疏冷的“冰山女神”，然而真实的她，却是一位不折不扣的饮酒达人。

李清照有多爱喝酒呢？据统计，李清照45首存世作品中，有23首都是与喝酒有关的。这个数据和宋朝诗词中出现“酒”的TOP10诗人的诗句比起来很少，但因为李清照的作品量并不多，按比例来算，她现存诗词中出现的关于喝酒的描写已经占到了一半以上，这就很能体现她对酒的痴迷了。

从早年到晚年，酒一直是李清照生活中不可或缺的一部分，不论是喜是悲，她都会饮上一杯酒来抒发情绪。

声声慢

寻寻觅觅，冷冷清清，
凄凄惨惨戚戚。
乍暖还寒时候，最难将息。
三杯两盏淡酒，
怎敌他、晚来风急！

一杯酒，道尽了李清照的一生曲折。她不是一位高高在上的“冰山女神”，她只是一位平凡的女子，有喜有悲，在那个男子当道的时代，用自己的真性情，写出了女性的独特风姿。

Part 9 元宵节竟是大宋狂欢节？

大宋丰富的节日文化在宋词中有着充分的体现——

宋词中的节日排行榜①

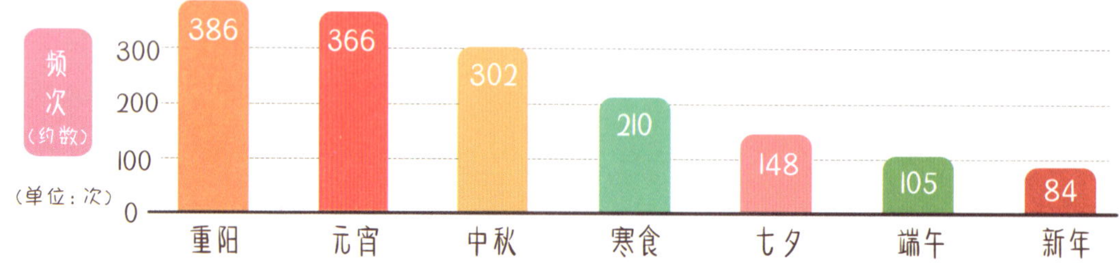

和唐诗一样，重阳节也占据了宋词排行榜的头名。重阳时值深秋，文人登高怀远，难免心生感怀，留下了不少佳作。

定风波·重阳

苏东坡

酩酊但酬佳节了，云峤，

登临不用怨斜晖。

解释：苏轼同客人登山赏秋景，不禁感慨，人活在世上难遇开心事，不如趁年轻玩个痛快，以大醉来酬谢重阳佳节。登高也用不着怨太阳快落山，既然无法改变，不如顺应自然，活在当下！

醉花阴

李清照

佳节又重阳，玉枕纱厨，

半夜凉初透。

解释：李清照与赵明诚新婚之后，丈夫去外地做官，留下她独守空房。重阳佳节这天，李清照写下这首流传千古的情书，一表思念之情。

①贺闱．宋代节日词研究：一个文献综述 [J]．重庆社会科学，2013(2).

重阳节的词作数量固然最多，但如果要说大宋哪个节日最繁华热闹，那一定是如同狂欢节一般的元宵节了。元宵节又称上元、元夕、元夜，是大宋法定假日最长的节日。届时会举办浩大的官方灯会活动，平日很少抛头露面的女孩子，会在这一天精心打扮，结伴上街看花灯，她们可以在喧嚣的街市之中寻找心仪之人，或是约会如意郎君。

词人们富有情感的描写记录下了当年元宵佳节的风情画卷——

生查子·元夕

欧阳修

去年元夜时，花市灯如昼。
月上柳梢头，人约黄昏后。
今年元夜时，月与灯依旧。
不见去年人，泪湿春衫袖。

解释：去年元宵夜，少年曾与我共诉衷肠。今年的月与灯同去年一样，我却只能痴痴等候情人，泪珠儿不觉湿透了衣裳。

青玉案·元夕

辛弃疾

东风夜放花千树，更吹落，星如雨。
宝马雕车香满路。
凤箫声动，玉壶光转，一夜鱼龙舞。
蛾儿雪柳黄金缕，笑语盈盈暗香去。
众里寻他千百度，蓦然回首，
那人却在，灯火阑珊处。

解释：正月十五，满城灯火，万民狂欢。可我在人群之中苦苦寻找，猛一回头，在灯火零落处发现了意中人。

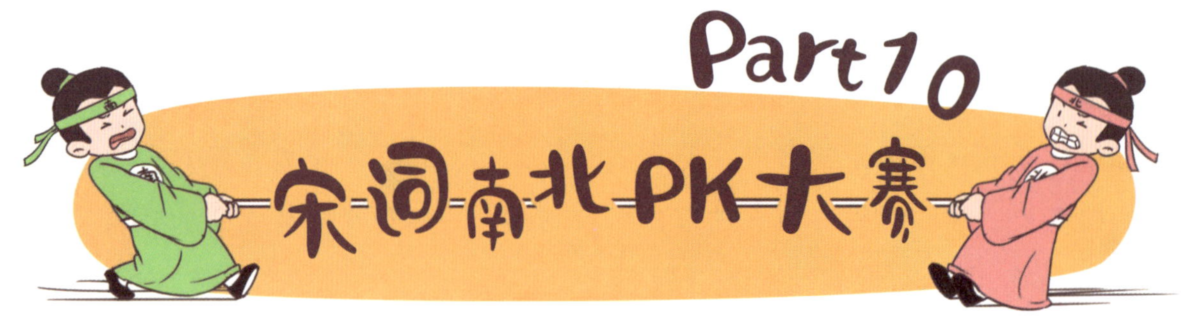

如果要进行一场宋词南北比赛，南方队和北方队谁会更胜一筹呢？

《全宋词》中籍贯可考的词人有800多位①，其中，来自南方地区的词人人数具有绝对优势。

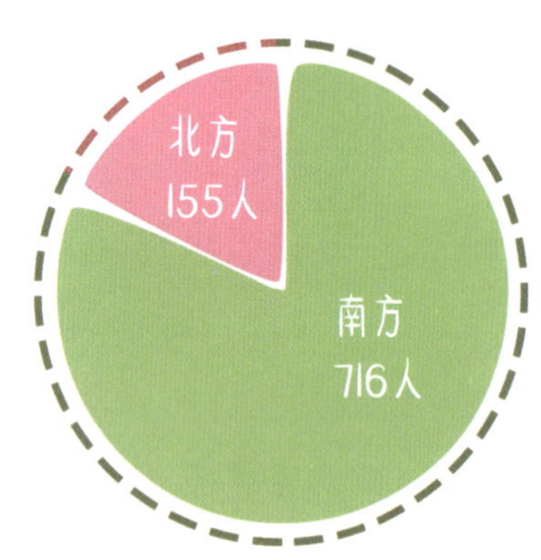

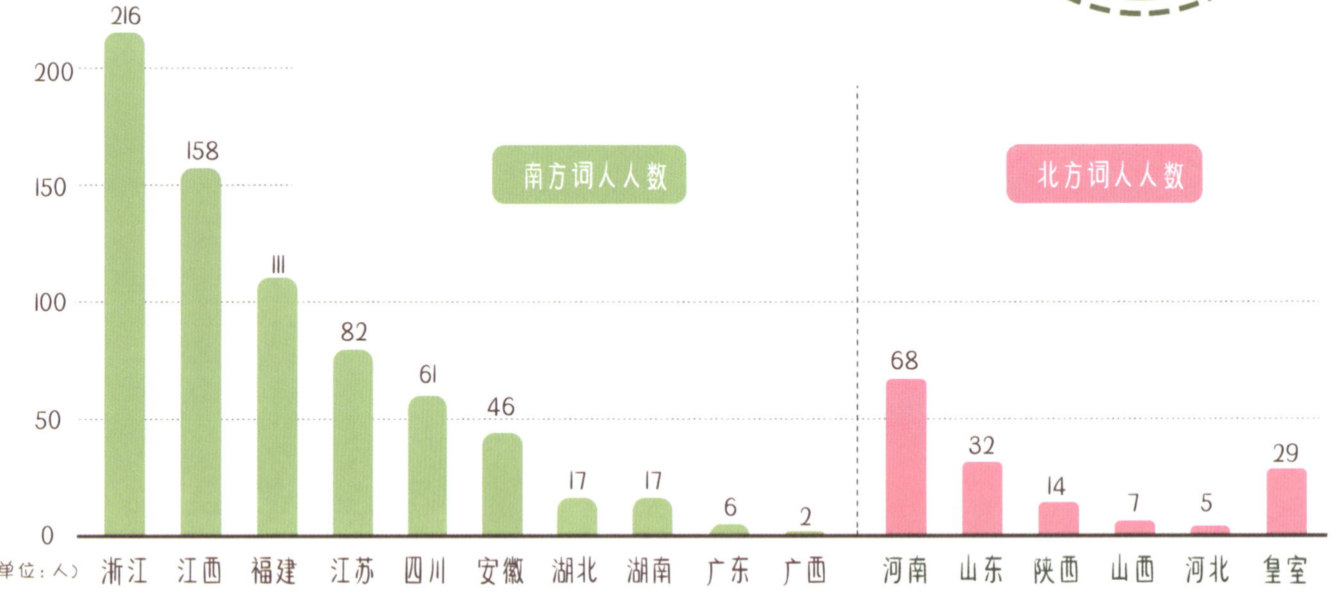

著名南方词人

著名北方词人

①王兆鹏．唐宋词史的还原与建构[M]．武汉：湖北人民出版社，2005.

可以说南方队明显占据上风。实际上，在宋朝以前的大部分时间里，北方中原地区一直是经济文化的中心。然而，随着中国历史上的三次“衣冠南渡”，中国的经济中心最终从中原地区转移到了江南地区。

永嘉之乱导致的南渡

历史上的第一次大规模南迁发生在西晋末年，当时中原地区经常发生战乱，周边部族建立起各自的政权，晋元帝带领臣民渡江南下，迁都建康（今南京），史称东晋。

安史之乱导致的南渡

安史之乱导致唐朝由盛转衰，北方少数民族攻入中原，大量汉族人向南方迁移，南北人口接近均衡，一定程度上促进了南方的经济发展。

靖康之难导致的南渡

北方金兵攻克北宋都城，大量中原地区的汉族人向南迁移，南方地区成为南宋新的统治中心。经济中心南移随之完成。

时至今日，中国南北方的经济形势依然是南方领先。

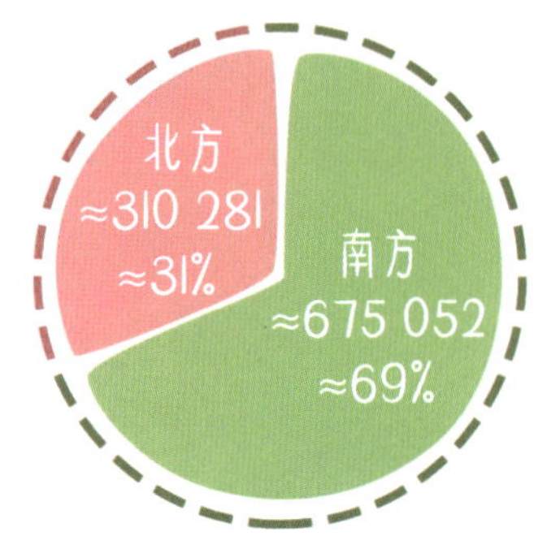

2019年南北方地区生产总值GDP对比（亿元）

2019 年各省、市、自治区GDP数据①(约数)

地区	GDP/亿元	地区	GDP/亿元
广东省	107 671.07	重庆市	23 605.77
江苏省	99 631.52	云南省	23 223.75
山东省	71 067.5	广西壮族自治区	21 237.14
浙江省	62 351.2	内蒙古自治区	17 212.5
河南省	54 259.2	山西省	17 026.68
四川省	46 615.82	贵州省	16 769.34
湖北省	45 828.31	天津市	14 104.28
福建省	42 395	黑龙江省	13 612.7
湖南省	39 752.12	新疆维吾尔自治区	13 597.11
上海市	38 155.32	吉林省	11 726.8
安徽省	37 114	甘肃省	8 718.3
北京市	35 371.3	海南省	5 308.94
河北省	35 104.5	宁夏回族自治区	3 748.48
陕西省	25 793.17	青海省	2 965.95
辽宁省	24 909.5	西藏自治区	1 697.82
江西省	24 757.5		

①债市研究. 2019 年全国各省 GDP 排行榜 [EB/OL].（2020-02-08）[2020-12-02]. https://www.sohu.com/a/371574758_611449.